뚱딴지 선생님과 재미있게 배우는
그림책 활동수업

1판 1쇄 발행 2019년 6월 12일
1판 4쇄 발행 2022년 5월 6일

지은이	김혜진
펴낸이	한기호
편집	여문주, 서정원, 박혜리
본부장	연용호
마케팅	하미영
경영지원	김윤아
디자인	양선애
인쇄	예림인쇄
펴낸곳	(주)학교도서관저널
출판등록	제2009-000231호(2009년 10월 15일)
주소	04029 서울시 마포구 동교로 12안길 14(서교동) 삼성빌딩 A동 3층
전화	02-322-9677
팩스	02-6918-0818
전자우편	slj9677@gmail.com
홈페이지	www.slj.co.kr

ISBN 978-89-6915-059-2 03370

책값은 뒤표지에 있습니다.

이 도서의 국립중앙도서관 출판예정도서목록(CIP)은 서지정보유통지원시스템 홈페이지(http://seoji.nl.go.kr)와 국가자료공동목록시스템(http://www.nl.go.kr/kolisnet)에서 이용하실 수 있습니다. (CIP제어번호 : CIP2019020905)

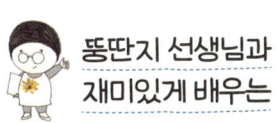

똥딴지 선생님과
재미있게 배우는

그림책
활동수업

학교
도서관
저널

머리글

안녕하세요? 그림책 읽어 주는 뚱딴지예요. 이 책은 2015년부터 2016년까지 월간 〈학교도서관저널〉을 통해 '뚱딴지 선생님과 함께 하는 그림책 수업'이란 제목으로 연재했던 원고를 묶은 것입니다. 그림책으로 할 수 있는 독후 활동을 제안해 본 것인데요, 시작은 2012년으로 거슬러 올라갑니다. 경기도 의정부의 한 초등학교에서 시험 삼아 시도했던 독서 수업이 그 출발이었죠. 1학년과 2학년 총 240여 명 8학급이 국어와 창의체험 시간을 통해 딱 1년 동안 함께 그림책을 읽었거든요. 사실은 독서토론이 목표였어요. 그런데 아직 읽기 쓰기 말하기도 서툰 1~2학년 아이들과 토론을 한다는 건 무리였기에 수업 방향을 바꾸었지요. 그림책을 함께 읽고 간단한 독후 활동을 하는 것으로요.

사실 책만 천천히 읽어 주고 책 속에 있는 이야기만 해도 충분하지만 그러고 나면 언제나 아이들은 묻습니다. '뭐 안 해요?' 독후 활동의 폐해를 말하고 싶은 건 아니지만 책을 읽은 뒤 늘 뭔가 해야 하는 것은 아니에요. 그런데도 뭔가를 해야만 하는 것이 학교 현장이기도 합니다.

초등학생들에게 그림책을 읽어 준다고 하니 이런 압박이 있었어요. 왜 그림책을 읽느냐, 글밥 많은 책을 미리 알려 주고 예습해 오라고 하는 건 어떠냐, 맨날 만들고 그리기만 하고 있느냐, 논술 교재와 연결되는 수업을 하라 등등. 그런 의문에 그림책의 가치를 역설하고, 독서가 예습씩이나 해 올 교과는 아니며, 그림책 한 장면으로 하는 활동이니 당연히 색칠하고 그리는 걸 하게 된다고 매번 변명 같은 해명을 해야 했지요.

하지만 한 가지 확신은 있었어요. 아이들이 그림책의 한 장면 한 순간만이라도 기억에 새기고 애정을 가진다면 언제든 그 책을 다시 꺼내 들어 읽게 될 거라는 사실을요. 실제로 수업을 하고 나서 수업했던 그림책을 다시 보러 오는 아이들이 줄을 설 정도였고 부모님께 그 책을 사 달라고 하는 아이들도 있어서 꽤 효과적이었다고 생각합니다. 같은 그림책을 여러 번 읽으니 내용을 제대로 이해하는 건 물론이고 친구들끼리 이런저런 이야기를 나누기도 했으며 더 재미있는 책을 추천해 달라고까지 했거든요.

제일 큰 고민은 그림책을 기억할 수 있게 하는 그림책만의 독후 활동을 만드는 것이었지요. 고민 끝에 그림책 속 이미지를 최대한 활용해 보기로 했어요.

공부라기보다는 놀이를 한다는 느낌으로 다른 독후 활동보다 좀 더 재미나는 수업이 되길 바랍니다. 월별로 주제를 정해 진행되는 독후 활용법은 학교나 도시괸 등 여러 현장에서 실제로 활용될 수 있도록 고민하였습니다.

원고를 쓰고 책으로 나오기까지 시작이 되어 주신 조월례 선생님과 언제나 응원을 아끼지 않는 김혜원 선생님, 학교도서관저널 편집팀과 오선이 편집자님께 고마운 마음을 전합니다. 그때는 꼬맹이들이었지만 지금은 중학생이 되어 폭풍의 시간을 지나고 있을 버들개초등학교 친구들과 수영, 수희, 효빈, 호연, 지연! 제일 고마운 게 너희들이야. 늘 그림책을 기억하길…….

아이들과 함께했던 소중한 시간을 정리하며
2019년, 뚱딴지

차례

머리글	4
그림책 활용 수업, 어떻게 할까?	9

놀라운 책 이야기 … 18
책의 탄생 | 책의 발견 | 명화와 함께 보는 그림책 | 책이 들려주는 이야기

3월 　새 학기의 시작, 새로운 친구 … 38
　　　그림책 심화 수업　『알도』, 『야, 우리 기차에서 내려!』,
　　　　　　　　　　　『씨앗 세 알 심었더니』, 『와, 달콤한 봄 꿀!』

4월 　놀라운 과학의 발전, 지구와 환경 … 56
　　　그림책 심화 수업　『기상천외 발명백과』, 『아주아주 센 모기약이 발명된다면?』,
　　　　　　　　　　　『플라스틱 섬』, 『터널』·『생태통로』

5월 　다양한 가족, 가족의 의미 … 68
　　　그림책 심화 수업　『모든 가족은 특별해요』, 『순이와 어린 동생』,
　　　　　　　　　　　『복슬개와 할머니와 도둑고양이』

6월 　용서와 화해, 평화를 생각하다 … 78
　　　그림책 심화 수업　『깃털 없는 기러기 보르카』, 『나무집』, 『왜?』, 『평화는요,』

7월 　생명과 자연, 지구를 지키는 방법 … 92
　　　그림책 심화 수업　『나무』, 『네가 태어나던 날에』, 『나무는 좋다』,
　　　　　　　　　　　『물과 숲과 공기』·『지구를 다 먹어버린 날』

8월   기후 변화와 빙하, 극지방에 사는 동물들   106
그림책 심화 수업   「북극곰 윈스턴, 지구 온난화에 맞서다!」, 「펭귄365」

9월   곡식과 수확의 기쁨, 가족과 함께하는 추석   122
그림책 심화 수업   「내가 좋아하는 곡식」, 「우리가 꼭 지켜야 할 벼」, 「솔이의 추석 이야기」

10월   가을 운동회, 친구와 떠나는 소풍   134
그림책 심화 수업   「가을 운동회」, 「곤충들의 운동회」, 「개미들의 소풍」

11월   인간관계, 서로의 입장을 이해하기   144
그림책 심화 수업   「늑대가 들려주는 아기돼지 삼형제 이야기」,
                 「아기 늑대 세 마리와 못된 돼지」

12월   겨울 방학의 시작, 추운 겨울과 크리스마스   154
그림책 심화 수업   「부엉이와 보름달」, 「내가 좋아하는 겨울열매」, 「겨울을 만났어요」,
                 「작은 전나무」·「커다란 크리스마스트리가 있었는데」

1월   옛이야기의 힘, 사랑받는 이야기의 재미   166
그림책 심화 수업   「신데렐라」 비교 읽기, 「콩쥐팥쥐」 비교 읽기, 「빨간 모자」 비교 읽기

2월   우리나라 도깨비와 여러 나라 옛이야기   178
그림책 심화 수업   「깜박깜박 도깨비」, 「수호의 하얀 말」, 「커다란 순무」 함께 읽기

부록   1_ 인성 지도와 진로 탐색을 위한 그림책   191
       2_ 「프레드릭」으로 하는 책 한 권 예술제   209

그림책 활용 수업, 어떻게 할까?

　이 책에 실린 독후 활동들은 학교에서 제시하는 연간 일정에 준하여 관련 주제의 그림책을 골라 활동한 것입니다. 3월에는 새 학기와 관련된 책, 6월에는 평화와 관련된 책, 9월에는 추석, 10월에는 가을 운동회와 소풍, 12월에는 겨울 열매와 크리스마스에 관한 책을 읽는 등 주제별로 진행하였기 때문에 해당 달 행사나 과제에 도움이 되기도 했습니다.

　그림과 글이 어우러진 그림책은 누구라도 쉽게 접근할 수 있기 때문에 그림책을 읽고 간단히 따라할 수 있는 활동을 위주로 그림책 수업을 진행하였습니다. 읽고 토론하는 독후 활동보다는 직접 해 보면서 재미를 느끼는 것에 중점을 두었습니다.

 **그림책 수업 구성**

　그림책의 기본 구성은 연간 행사에 맞춘 내용들을 순서대로 선별해 놓은 것입니다. 더불어 방학 독서 캠프와 독서 주간 등에 적용할 수 있는 특정 주제를 선정하고 그에 따른 큐레이션을 적용한 그림책 수업이 제시되어 있습니다. 한 권의 책으로 시작하여 주제별로 다양하게 적용 가능한 과정도 정리해 보았습니다.

그림책 수업을 진행할 당시 수업의 기본 전제와 목표는 '초등 1학년 아이들이 40분 교과 수업 시간 안에 그림책 한 권을 읽고 관련된 활동 한 가지를 완성할 수 있다.'로 정했습니다. 한 권의 그림책을 기억하기에 가장 적절한 주인공 이미지를 많이 활용하였고 표지 이미지나 중요 장면을 활용하여 수업을 진행하였습니다. 저학년 아이들과 고학년 아이들의 성향과 수행 능력은 꽤 차이가 나기 때문에 아이들의 능력을 파악하고 적절히 난이도를 조절하시기 바랍니다.

그림책 수업 진행

그림책으로 독후 활동을 만들 때 생각해야 할 점
- 그림책으로 하는 독후 활동의 장점은 그림을 읽을 수 있도록 안내할 수 있다는 점이다.
- 내용을 알고 주제를 도출해 낼 수 있도록 하는 데 그림책 이미지가 결정적인 역할을 할 수 있다는 점을 기억하라.
- 내용에 따른 이미지 작업 방식이나 기법이 어떻게 적용되었는지 꼭 확인하라.
- 그림책 작가별로 혹은 각각의 그림책마다 모두 다른 활동을 시도해 볼 수 있다.
- 그림책 속 이미지를 최대한 활용하라.

그림책 독후 활동을 하기 위한 이미지 활용
- 서사에 주도적인 일러스트레이션이 적용된 그림책을 선택하라.

- 되새길 수 있는 주제 이미지를 찾아라.
- 그림책의 캐릭터는 그 자체로 이야기다.
- 표현 기법도 이야기에 기여한다.

그림책 이미지가 각인되었다면 한 걸음 더

- 주제 혹은 의문점에 대해 토론하기
- 이야기의 기원 찾기
- 비슷한 내용의 책 찾아 함께 읽기
- 한 작가의 그림책 읽기
- 조사 연구 방법 따라 해 보기
- 전후 이야기 예측해 보기

독후 활동 진행의 도움말

- 사전에 그림책을 천천히 감상하고 읽을 수 있는 시간을 가진다.
- 준비물은 학년에 따라 단계별로 준비하되 참여 인원의 1.2~1.5배수로 넉넉히 준비한다.
- 먼저 전체 아이들을 대상으로 작업 과정을 순서대로 설명한다. (경우에 따라 완제품을 보여 주고 시작할 수도 있다.)
- 한 단계 설명 후 전원 작업이 끝났는지 확인한 다음 두 번째 단계를 설명하여 함께 속도를 맞추어 만들어 가는 방식이 바람직하다. (빨리 끝낸 친구들은 기다리거나 늦는 친구를 도와주도록 한다.)
- 완료 후 정리와 쓰레기 처리는 확실히 하고 느낀 점 발표를 꼭 하도록 한다.
- 작업 중간 과정과 결과물들을 촬영한다.
- 읽은 책과 결과물은 가능하면 교실 혹은 도서관에 반드시 전시한다.

그림책 수업 과정 예시

한 권의 책으로 시작하여 여러 갈래 주제로 나누어 적용하는 과정의 그림책들을 소개합니다. 이 과정에 제시한 그림책들에 대한 독후 활동이 이 책에는 일부만 실려 있음을 밝힙니다.

예시 1

『나는 이야기입니다』로 시작하여 책 이야기 전반으로 확장하거나 이야기를 담은 생명에 관한 생각, 가족에 관한 이야기로 이어갈 수 있습니다.

이 세상 모든 책	
이야기의 기원	나는 이야기입니다
소중한 책	내가 책이라면
책 속의 책	이 작은 책을 펼쳐 봐/ 아름다운 책
책 속으로	책 속의 책 속의 책
발견하는 책	책 읽는 유령 크니기/ 브루노를 위한 책
책의 가치	위험한 책/ 영원히 사는 법
책과 함께	책 그림책/ 책을 사랑한 아기 용 던컨
책이 주는 위로	Promenade 산책

세상 모든 이야기

이야기의 기원	나는 이야기입니다
책의 탄생	내가 책이라면
옛이야기(한국)	깜박깜박 도깨비
옛이야기(몽골)	수호의 하얀 말
옛이야기(미국)	아기돼지 삼형제
옛이야기(패러디)	늑대가 들려주는 아기돼지 삼형제 이야기/ 쳇 어떻게 알았지?/ 탐정 백봉달 빨간 모자를 찾아라!
진화하는 이야기	사자 사냥꾼 클로이의 끝없는 이야기/ 아직 멀었어요?

세상의 모든 생명

이야기의 기원	나는 이야기입니다
소중한 나	네가 태어나던 날에
같이시리즈	나, 너/ 넌 누구야?
소중한 생명들	나무의 아기들/ 살아 있는 모든 것은
나무	나무는 좋다/ 나무가 된 꼬마 씨앗
사실 우리는	플라스틱 섬
북극 이야기	북극곰 윈스턴, 지구온난화에 맞서다!/ 나뭇잎
남극 이야기	펭귄365
모두 함께	야, 우리 기차에서 내려!/ 생태통로

가족 이야기

이야기의 기원	나는 이야기입니다
소중한 나	네가 태어나던 날에
특별한 가족	모든 가족은 특별해요/ 복슬개와 할머니와 도둑고양이/ 길 아저씨 손 아저씨
아빠	금붕어 2마리와 아빠를 바꾼 날
엄마	돼지 책/ 고함쟁이 엄마/ 엄마의 초상화
형제자매	터널/ 내 동생은 늑대/ 흔한 자매/ 쉿! 오빠 괴물이 왔어/ 피터의 의자
할머니할아버지	할머니 주름살이 좋아요/ 오른발, 왼발/ 최고로 멋진 놀이였어!/ 우리 할아버지
그래도 가족	근사한 우리가족/ 위대한 가족

한 가지 주제를 정하거나 한 권의 그림책을 정해서 다양한 방법으로 이야기를 확장해 갈 수 있습니다.

예시 2

『프레드릭』은 그 자체로도 매력적인 캐릭터이므로 활용 방법이 다양합니다. 책을 읽고 나와 다른 생각을 가진 친구들의 이야기와 다양한 삶의 방식, 진로에 이르기까지 적용할 수 있습니다.

프레드릭처럼(진로탐색)	
특별한 친구	프레드릭
꿈꾸기	무슨 꿈이든 괜찮아/ 노래하는 병
다른 생각(작가)	딴생각 중
다른 생각(건축)	꿈꾸는 꼬마 건축가
다른 생각(영화)	꼬마 영화감독 샬롯
다른 생각(미술)	눈부신 빨강/ 빛나는 아이
다른 생각	에이다/ 세쿼이아(체로키 인디언의 글자)
다른 생각	쿠베가 박물관을 만들었어요

프레드릭처럼(다른 꿈 다른 삶)	
특별한 친구	프레드릭
꿈꾸기	무슨 꿈이든 괜찮아/ 노래하는 병
다른 생각	행복한 청소부/ 큰 소리로 하나-둘 하나-둘
다른 생각	다르다넬 왕 이야기/ 우리가 원주민 마을에 간 이유는?
다른 생각	달님을 사랑한 강아지
다른 생각	제멋대로인 사람들
다른 생각	알레나의 채소밭
다른 삶	누가 진짜 나일까?/ 나 하나로는 부족해

예시 3

『펭귄365』는 『프레드릭』과 함께 캐릭터 만들기부터 장면 꾸미기, 인형 만들기, 생활용품 만들기 등 다양한 활동을 할 수 있습니다. 나아가 극지방 생태 그림책과 펭귄이 등장하는 그림책들을 함께 읽을 수 있어 활용도가 높지요.

극지방 생태와 생태 감수성 기르기

남극의 친구	펭귄365
남극 여행	소피스코트 남극에 가다
남극 탐험	20세기 최고의 탐험가 어니스트 섀클턴
극과 극의 만남	남극에 간 북극곰 북극에 간 펭귄 가족
북극의 친구	북극곰 윈스턴, 지구온난화에 맞서다!
북극이야기	나뭇잎
이런 미래	지구를 다 먹어버린 날
모두 함께	야, 우리 기차에서 내려!

펭귄이 좋아

특별한 친구	펭귄365
꿈꾸기	펭귄 체조
놀라운 생태	로켓펭귄과 끝내주는 친구들
펭귄 탐색	개구쟁이 특공대의 펭귄랜드
펭귄이 사는 곳	얼음 위의 펭귄
황제 펭귄	아빠의 발 위에서
펭귄 놀이	펭귄 랄랄라
다양한 펭귄	세상의 모든 펭귄 이야기

예시 4

『나는 이야기입니다』에서 시작되는 '세상의 모든 생명'을 주제로 지구에 대한 생각까지 좀 더 긴 기간 동안 해 볼 수 있는 수업입니다.

세상의 모든 생명	
이야기의 기원	나는 이야기입니다
소중한 나	네가 태어나던 날에
같이시리즈	나, 너/ 넌 누구야?
소중한 생명들	나무의 아기들/ 살아있는 모든 것은
나무	나무는 좋다/ 나무가 된 꼬마 씨앗/ 씨앗 세 알 심었더니
사실 우리는	플라스틱 섬
북극 이야기	북극곰 윈스턴, 지구온난화에 맞서다!/ 나뭇잎
남극 이야기	펭귄365
모두 함께	야, 우리 기차에서 내려!

모두 함께	
야, 우리 기차에서 내려!	
동물도 함께	생태통로/ 콰앙!/ 터널/ 숲에는 길이 많아요
지구도 함께	물과 숲과 공기
물도 함께	강물이 이야기/ 강 A River
숲도 함께	빨간 모자의 여동생/ 숲으로 간 사람들
꿀벌도 함께	내 친구 꼬마 벌/ 꿀벌(풀빛)/ 비북(청어람아이)
이렇게 될지도	이건 꿈일 뿐이야/ 지구를 다 먹어버린 날
이렇게 바꾼다면	빨간 지구 만들기 초록 지구 만들기

놀라운 책 이야기

책의 탄생

이야기는 언제 시작되었고 어떤 방식으로 전달되었을까요? 여러 그림책을 통해 고대로부터 이야기를 담아 전달해 준 다양한 매체를 알아보고 직접 만드는 체험을 해 볼 수 있습니다. 지금과 같은 책의 형태는 어떻게 만들어졌는지 재료와 용도에 따른 역사를 살펴보고 간단한 제본 방식도 경험할 수 있답니다. 더 나아가 스마트폰이나 아이패드 등 책을 넘어선 매체들에 대해서도 알아보아요.

책은 이야기를 담은 그릇

『나는 이야기입니다』는 이야기의 역사를 쉽게 설명해 주는 책입니다. 단지 역사를 나열하는 데 그치지 않고 이야기가 가진 힘을 보여 주고 있지요. 이야기가 어떻게 우리에게 전해졌는지 앞으로 만나게 될 이야기는 또 어디에 담기게 되는지 깔끔하게 정리해 줍니다.

글이 많지 않지만 전환점이 되는 매체들이 계속 등장하므로 천천히 그림을 읽을 수 있게 합니다. 면지를 활용하여 전체 흐름을 짚어 주는 것도 좋아요. 앞표지부터 뒤표지까지 꼼꼼히 어떤 구성으로 이야기를 끌어가는지 살펴보세요.

이 책에는 마치 이야기를 형상화한 듯 책 전체에 계속 등장하는 빨간 새가 나오는데요, 책을 다 읽을 동안 아이

『나는 이야기입니다』
댄 야카리노 지음 | 유수현 옮김 | 소원나무

들이 발견하지 못할 경우 다시 책을 좀 빠르게 넘기면서 보여 주세요. 빨간 새를 발견하고 의문을 가지면 새의 의미를 아이들에게 물어보는 것도 좋습니다. 그런 다음 이야기가 어떤 매체를 통해 전해 내려왔는지 단계별로 짚어 봅니다. 사진 자료를 준비해서 보여 주는 것도 좋습니다.

『나는 이야기입니다』에서 이야기는 사람에서 사람으로, 동굴벽 그림, 점토판, 파피루스, 대나무 책(죽간), 종이 두루마리 책을 거쳐 오늘날 우리가 보는 책으로 이어지고 있습니다. 마지막에는 스마트 폰과 아이패드 등의 전자기기도 등장하지요.

활동 1 : 점토판, 파피루스 책 체험하기

장기적인 프로젝트로 책 이야기를 하기 위한 계획을 세웠다면 이야기를 전달해 왔던 모든 매체를 순서대로 만들어 보는 것이 의미가 있습니다.

① 지점토가 아닌 흙 점토에 끝을 뾰족하게 만든 나뭇가지로 간단한 문장과 자기 이름을 쓰고 일주일 정도 놓아 둡니다.

② 다 건조된 점토판은 부서지거나 갈라지기도 합니다. 샘플로 준비한 점토판을 일부러 떨어트리거나 물을 뿌려 보관과 전달에 문제가 있음을 보여 줍니다.

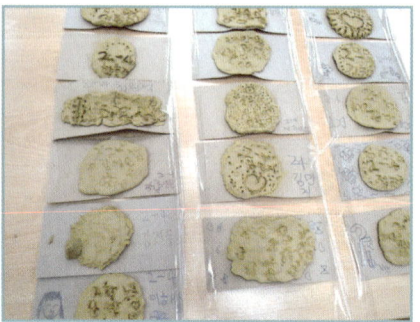

③ 나뭇잎에 글씨를 꼭꼭 눌러 써서 역시 하루 이틀 정도 내버려 두세요. 바삭거리며 만지면 부서질 정도까지 말리면 됩니다. 직접 체험할 수 없을 때는 파피루스나 죽간의 자료 화면을 준비하세요.

④ 중국의 종이와 한국의 종이를 보여 주고 제본을 해 봅니다. 아시안 바인딩 혹은 동양 바인딩 기법에 대한 자료를 준비합니다. 기본 오침안정법에 관한 동영상을 검색하여 미리 연습하고 아이들과도 함께 만들어 보세요.

⑤ 한지 제조 방식과 한지의 장점도 알려 줍니다.

⑥ 유럽의 제본 방식도 자료로 보여 줍니다.

활동 2: 제본 체험하기

돗바늘과 실을 이용하여 직접 제본을 하는 활동입니다. 저학년은 3홀, 중학년 이상은 5홀 제본을 해 봅니다.

① A5 종이를 1인당 5장(내지), 같은 크기의 머메이드지 1장(표지)을 준비하여 반으로 접은 뒤 클립으로 고정합니다.
② 가운데 접힌 부분에 3개 혹은 5개의 구멍을 뚫어 준비합니다.
③ 바늘에 실을 꿰어 순서대로 제본을 합니다. 이런 기법을 중철이라고 합니다.
④ 중철 제본한 책에 이야기를 담은 매체의 역사를 쓰거나 그려 봅니다.
⑤ 점토판과 제본 체험을 하며 이야기가 전해 온 과정을 배우고 감상을 말해 봅니다.
⑥ 각자 만든 책을 전시한 다음 이야기를 나눕니다.

책 이야기 속으로

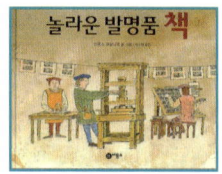

『놀라운 발명품 책』
브루스 코실니악 지음 | 박수현 옮김 | 비룡소

『책의 아이』
올리버 제퍼스·샘 윈스턴 지음 | 이상희 옮김 | 비룡소

『놀라운 발명품 책』은 말 그대로 책이 형태를 갖추기까지 인쇄 기술과 활자의 발명을 통해 전해 내려온 인쇄의 역사를 담고 있는 책입니다. 활자는 전 세계적으로도 놀라운 발명이기 때문에 누구나 금속 활자를 발명한 쿠텐베르크에 대해 들어 본 적이 있지요. 하지만 최근 우리나라의 직지가 세계에서 가장 오래된 금속 활자로 밝혀졌답니다. 그 내용을 미리 알고 읽으면 좋습니다.

함께 읽으면 좋은 책으로 『책의 아이』가 있습니다. 언뜻 보면 그림처럼 보였던 것이 사실 글자이고, 그 글자가 굉장한 의미를 담고 있다는 걸 알게 될 거예요. 그 순간의 놀라움이란! 바로 도서관으로 달려가 책을 읽고 싶은 기분이 들 거예요.

이 책은 언젠가 한 번쯤 만났던 이야기들의 바다로 독자들을 초대합니다. 글이 많다고 읽기 까다로운 책은 아니에요. 문장을 꼼꼼히 읽으면서 등장하는 책들을 목록으로 만들어 보세요. 피노키오의 모험, 보물섬, 15소년 표류기, 피터 팬, 걸리버 여행기, 해저 2만리 등 무려 40종이 넘는 고전 문학이 소개되어 있습니다.

책의 발견

책의 탄생에 대해서 알았다면 이제 책 읽는 즐거움을 알려 주는 책들을 살펴보기로 해요. 책 읽기 자체를 놀이로 접근하는 책도 있고, 불현듯 책 읽기의 즐거움을 알게 되는 책도 있답니다. 작품성이 강조된 책도 있지만 누구나 좋아하는 대중적인 책도 있지요. 그럼 책의 재미를 가장 잘 느끼게 해 줄 책부터 만나 보아요.

놀라운 책 속 세계

『이 작은 책을 펼쳐 봐』는 책을 펼치면 펼칠수록 점점 작아지는 책이 나옵니다. 이야기에 따라 알록달록 색깔도 달라지지요. 점점 작아지던 책은 절반부터 다시 점점 커집니다. 그러니까 모두 일곱 권의 작은 책을 만날 수 있습니다. 책 속에 등장하는 동물들은 무당벌레, 개구리, 토끼 등 어린이들과 친숙해서 아이들이 부담 없이 책을 접하게 해 줄 거예요.

이 책은 반복되는 구조라 운율을 따라 읽어 주기 좋으니 천천히 또박또박 읽어 주세요. 그리고 표지에서부터 등장하는 사랑스러운 캐릭터와 색에 대해서도 이야기를 나누어 보세요. 그림만 보고 직접 이야기를 만들어 보아도 좋습니다.

『이 작은 책을 펼쳐 봐』
제시 클라우스마이어 지음 | 이수지 그림 | 이상희 옮김 | 비룡소

활동 : 색깔별 작아지는 책 만들기

① 8가지 색깔의 종이를 크기별로 인원수만큼 준비합니다.
② 종이를 색깔별로 한 장씩 나누어 준 다음 반으로 접습니다. 큰 종이부터 작은 종이를 차례대로 중심에 맞추어 놓습니다.
③ 이야기가 진행되는 순서를 종이에 표시합니다.
④ 『이 작은 책을 펼쳐 봐』에 등장한 캐릭터를 주인공으로 삼아 이야기를 만들어 순서대로 그리게 합니다.
⑤ 제본 기법을 이용해 한 권으로 묶습니다.
⑥ 각자 책의 내용을 발표하고 이야기를 나눕니다.

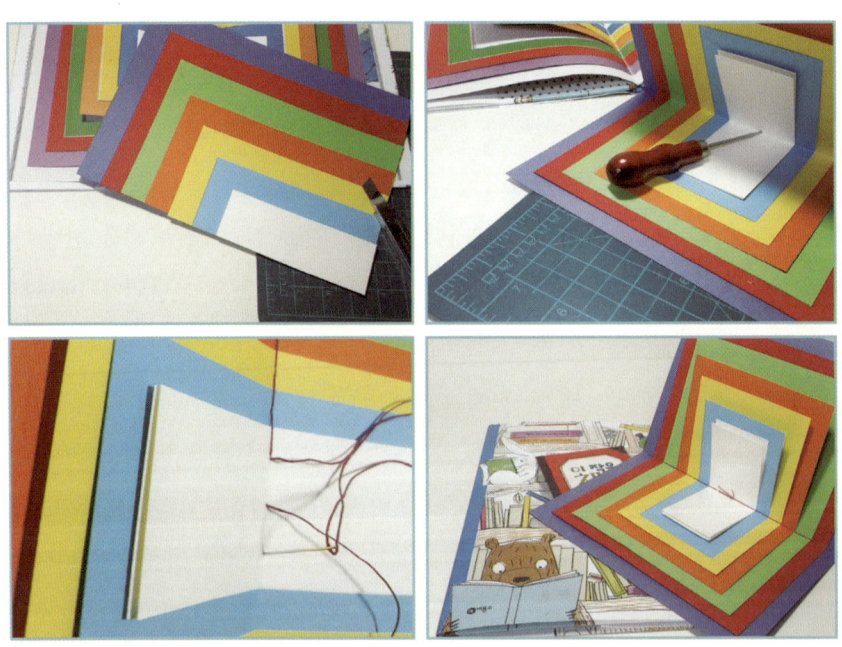

책과 친해지기

『책 읽는 유령 크니기』
벤야민 좀머할더 지음 | 루시드 폴 옮김 | 토토북

『책 읽는 유령 크니기』는 엉뚱한 유령 크니기가 주인공입니다. 크니기는 생일 선물로 책을 받는데, 큰 문제가 생깁니다. 책을 읽으려는데 아무리 봐도 빈 페이지만 있는 거예요. 하지만 크니기는 책을 읽기 위해 이런저런 방법을 찾아 고민한 끝에 결국 책을 읽게 되지요.

아이들이 책을 접할 때도 비슷합니다. 처음에는 무슨 말인지 잘 모르고 한참 생각한 뒤에나 책이 제대로 보이는데요, 아이들뿐 아니라 어른도 마찬가지죠. 어떤 책은 보고 있어도 보이지 않을 때가 있습니다.

『책 읽는 유령 크니기』는 그림이 단순하지만 고민하는 크니기의 표정이 그대로 살아 있어 재미있습니다. 대신 글이 많기 때문에 아이들에게 읽어 주기 전에 미리 읽어 두어야 합니다. 크니기는 유령이어서 특별한 색도 없고, 책을 읽기 전까지는 색깔이 나오지 않습니다. 그러다 책을 읽게 되면서부터 색깔이 등장하지요. 무채색이던 장면에서 색이 등장할 때 아이들에게 생각을 묻고 이야기를 나누어 보세요.

활동 : 크니기 만들기

① A4 크기의 검은 도화지와 흰 종이, 풀, 가위 등을 준비합니다.
② 책을 참고하여 검은 도화지에 크니기를 그려서 오립니다.
③ 크니기가 선물로 받은 책의 내용은 각자 생각하는 내용을 적도록 합니다.
④ 크니기를 완성한 다음 눈의 위치를 저마다 다르게 붙이게 합니다.

⑤ 각자 만든 크니기가 읽고 있는 책 내용(③에서 쓴 것)을 발표하고 게시판에 전시합니다.

크니기를 만들 때 눈의 위치에 따라 표정이 달라진답니다.
눈을 요리조리 붙여 표정 변화를 주며 재미를 느껴 보세요.

명화와 함께 보는 그림책

그림책 중에는 유명 화가들로부터 영향을 받은 그림책이 굉장히 많습니다. 미술관을 연상하게 만드는 그림책들은 책 읽기의 범위가 얼마나 넓어질 수 있는지 새삼 깨닫게 해 줍니다.

마음을 찾아 떠나는 그림

『마음의 집』은 한국 작가의 글에 폴란드 그림 작가 이보나 흐미엘레프스카가 그림을 그린 책으로 2011년 볼로냐 '라가치' 상을 수상한 작품이에요. 마음은 어디에 있을까, 마음은 어떤 것일까, 마음의 주인은 누구일까 하는 질문을 통해 마음을 찬찬히 돌아보도록 한 책이지요. 글은 아주 짧지만 읽을수록 '마음'은 어떤 것인지 어디에 둘 것인지 지금 마음은 어떤지 생각하게 됩니다. 표지부터 그림을 보며 책의 구조를 발견할 수 있도록 찬찬히 하나하나 보여 주세요. 이 책이 라가치 상을 받게 된 것은 화가의 몫이 컸다고 생각합니다. '조르조 데 키리코'로 대표되는 이탈리아 형이상회화파 화가들의 작품과 같은 느낌을 주는 그림은 아주 완성도가 높답니다. 『두 사람』, 『작은 발견』 등 이보나 흐미엘레프스카의 다른 책들도 함께 모아 읽기를 권합니다.

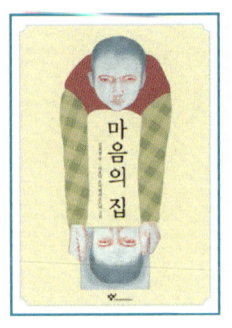

『마음의 집』
김희경 지음 | 이보나 흐미엘레프스카 그림 | 창비

이 책을 읽은 다음 A4 크기 도화지에 가장 공감되는 장면을 그려 보는 활동을 할 수 있습니다. 더 나아가 자신의 지금 마음을 그려 보게 하세요. 또한 조르조 데 키리코, 르네 마그리트의 작품을 준비해 함께 보고 차이점과 공통점을 이야기해 보아도 좋습니다.

명화를 패러디한 그림책

앤서니 브라운, 슌텐, 크리스 반 알스버그, 데이빗 위즈너, 이슈트반 바녀이 등은 초현실주의적인 작품들을 패러디하며 포스트모던 그림책이라 할 만한 작품들을 선보인 그림책 작가들입니다. 이중 가장 알려진 작가인 앤서니 브라운의 그림책 속에는 명화를 떠올리게 만드는 장면들이 많이 있지요. 그의 초기작들은 노골적으로 초현실주의 화가의 작품들을 패러디하거나 오마주했다고 합니다.

앤서니 브라운의 『거울 속으로』, 『꿈꾸는 윌리』는 르네 마그리트 작품들과 비교해서 보면 좋습니다.

『거울 속으로』는 천천히 그림을 감상할 수 있도록 시간을 주면서 읽어 주세요. 1976년 출간되었으므로 현재 앤서니 브라운의 작업 방식과는 꽤 다른 부분을 발견할 수 있습니다. 초기작이니만큼 실험적인 시도가 돋보이지요. 책 전체가 미스터리한 장면들로 구성되어 있으니 책을 읽으며 아이들과 특이한 부분을 찾아보세요. 내용을 통해 주제를 전달하기보다는 장면마다 수수께끼를 내듯 진행하고 결말을 열어 두기 때문에 다양한 이야기를 나눌 수 있

『거울 속으로』
앤서니 브라운 지음 | 김현좌 옮김
| 베틀북

『꿈꾸는 윌리』
앤서니 브라운 지음 | 허은미 옮김 | 웅진닷컴

습니다. 책을 읽은 다음 르네 마그리트의 작품을 감상하며 비슷한 작품을 찾아보고 작가의 의도를 추측해 보세요.

『꿈꾸는 윌리』도 비슷한 형식으로 따로 수업을 하거나 함께 살펴보세요. 이때 르네 마그리트의 일생과 작업 방식을 다룬 그림책 『꿈의 화가, 르네 마그리트』를 함께 보면서 마무리하면 좋습니다.

색다른 화가의 작품

『제멋대로인 사람들』은 16세기 이탈리아 궁정화가로 활동한 주세페 아르침볼도의 스타일을 그대로 가져온 듯한 그림책입니다. 아르침볼도는 주로 초상화를 그렸던 당시 화가들의 스타일과는 확연히 다른 그림을 그렸지요. 계절이나 직업에 관련된 사물들을 가져와 자기 식대로 조합하여 그린 초상화들은 색다른 재미를 줍니다.

『제멋대로인 사람들』은 그 계보를 이은 것으로 보여요. 주제별로 시 한 편과 관련된 사물들을 조합하여 촬영한 이미지가 나란히 배치되어 있습니다. 묵직한 울림과 날카로운 해석이 돋보이는 책이므로 여러 활동으로 적용하기에 활용도가 높습니다.

이 책은 페이지마다 한 편의 시가 있으므로 낭독하듯 읽어 주세요. 그림을 큰 화면으로 보여 주고 낭독하는 방법도 좋습니다. 표지를 꼼꼼히 살피면서 이미지를 구성한 요소들은 어떤 것이 있는지 자세히 살펴보세요. 아르침볼도의 그림과 나란히 놓고 비교하면서 보기를 권합니

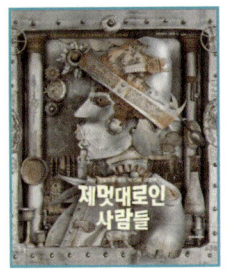

『제멋대로인 사람들』
프랑수아 데이비드 지음 | 올리비에 티에보 그림 | 길미향 옮김 | 단비어린이

다. 글과 그림을 비교하며 그림에 글이 적당한지, 왜 그렇게 생각하는지 이야기 나누면서 차근차근 살펴보세요.

또한 각자 한 장면을 만들어 보는 활동도 할 수 있습니다. 선택한 주제에 따라 글을 쓰고 고친 다음 관련 사물들을 수집하여 작가들의 기법을 그대로 따라 완성해 보는 것이지요. 자신이 완성한 그림을 발표하거나 글로 적게 해 보세요.

책이 들려주는 이야기

역사가나 철학자들은 전보, 카메라, 컴퓨터 등 새로운 매체가 등장할 때마다 책의 위기를 말하곤 했습니다. 여전히 종이 책을 찾는 사람들이 있지만 오늘날은 급속한 인터넷의 발달로 그 어느 때보다 종이 책의 위기에 대한 목소리가 높아지고 있습니다. PC나 스마트폰처럼 책보다 재미나는 것이 더 많아 어른, 아이를 막론하고 책과의 만남이 더 이상 재미있는 놀잇거리가 되지 않는 듯하지요. 이러한 때에 종이 책이 언제까지 살아남을 것인가, 종이 책의 의미와 미래에 대해서 아이들과 이야기를 나누어 보세요.

직접 책이 되어 보기

『내가 책이라면』
쥬제 죠르즈 레트리아 지음 | 안드레 레트리아 그림 | 임은숙 옮김 | 국민서관

『내가 책이라면』은 책의 입장에서 책이 사람들에게 들려주는 이야기입니다. 짧은 글과 글을 잘 표현한 그림은 재미를 더합니다. 이 책은 아버지가 글을 쓰고 아들이 그림을 그렸다고 해요.

노년의 작가는 내가 만약 책이라면 어떤 기분으로, 무엇을 사람들에게 원하게 될지 짧게 풀어놓았어요. 단순한 그림과 짧은 글 안에 책을 대하는 태도와 읽는 방식, 책을 읽는 이들이 가졌으면 하는 바람들이 담겨 있습니다.

저학년 아이들은 그림을 위주로 보고 고학년이나 청소년 이상이라면 책에 대한 의미를 생각하며 토론을 진행할 수 있습니다. 책을 읽을 때는 그림을 충분히 감상할 수 있도록 천천히 읽어 주고 표지에서 내지로 이어지는 구성을 눈여겨보도록 합니다. 조금 뭉개진 듯 보이는 그림은 석판화를 이용한 기법인데, 다른 그림책과 비교하며 그림 기법을 알려 주세요.

그리고 자신이 책이 되었다면 사람들에게 어떤 말을 하고 싶은지 발표하거나 적어 보도록 하세요. 아이들에 따라 개성 있는 답변이 나올 거예요.

활동 : 나만의 '내가 책이라면' 만들기

내가 책이 되었을 때 하고 싶은 말을 책으로 만드는 활동입니다. 각자 한 장면을 완성해서 책으로 만들 수 있습니다.

① A4 크기의 종이를 한 장씩 나누어 줍니다.
② 종이의 긴 쪽을 가로로 놓고 책이 되었을 때 하고 싶은 이야기로 한 장면을 완성합니다.
③ 완성한 장면을 반으로 접은 다음 친구들이 만든 다른 장면과 이어 붙여서 책을 완성합니다. 한 모둠이나 한 학급당 책 한 권을 완성하는 활동입니다.
④ 3홀 제본으로 작은 책을 만들거나 책 모양을 새긴 지우개 스탬프를 활용하여 만들어도 재미있습니다.
⑤ 표지와 뒤표지도 개성 있게 꾸미도록 합니다.
⑥ 책에 적은 내용을 발표하고 만든 책을 전시합니다.

 제본이 힘들면 카드 형식으로 책을 만들어 보세요.
책 모양 스탬프는 교사가 직접 만들거나 제작된 것으로 미리 준비하세요.

놀라운 책 이야기 ····· 35

책의 의미와 책이 건네는 초대장

『책그림책』은 세계 문학사의 거장들이 쓴 글과 크빈트 부흐홀츠의 그림이 만났습니다. 르네 마그리트를 연상시키는 현실을 초월한 듯한 그림이 글과 만나 책과 사람의 관계를 다양하게 음미하도록 했어요. 시나 노래 가사처럼 쓴 글은 아련하면서도 감동을 주고 그림의 은유 또한 빛을 발합니다.

작가별로 짧은 글과 그림을 감상하며 읽을 수 있습니다. 이때 그림 기법을 눈여겨보아야 하지요. 작가의 다른 책도 보여 주면서 '책'은 내게 어떤 의미인지 이야기해 볼 수 있습니다.

『책그림책』
밀란 쿤데라 외 지음 | 크빈트 부흐홀츠 그림 | 장희창 옮김 | 민음사

『영원히 사는 법』은 인류가 펴낸 모든 책이 한꺼번에 모여 있는 곳, 바로 도서관에서 일어나는 이야기입니다. '모과류' 책에 사는 피터는 '영원히 사는 법'이라는 기록 카드를 발견하고 그 책을 찾아 나섭니다. 늦은 밤 도서관에서 벌어지는 이야기는 상상을 초월합니다. 책마다 그 속에 살고 있는 존재들이 깨어나고 적막할 것 같은 밤의 도서관은 저마다의 생을 꾸려 가는 하나의 세계가 되지요. 피터가 찾아 나선 책이 간직한 비밀, 영원히 사는 법에 관한 답은 무엇일까요?

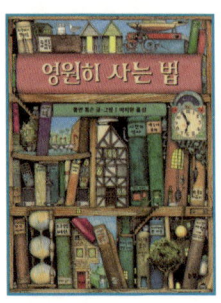

『영원히 사는 법』
콜린 톰슨 지음 | 이지원 옮김 | 논장

세상을 바꿀 수 있는 책

『위험한 책』은 꽃이 사라진 알 수 없는 시대, 알 수 없는 무채색의 공간이 배경입니다. 우연히 한 아이가 도서관에서 '읽지 마시오'라고 표시된 책을 발견하지요. 몰래 그

『위험한 책』
존 라이트 지음 | 리사 에반스 그림 | 김혜진 옮김 | 천개의바람

책을 읽은 아이는 꽃에 대해 알게 됩니다. 그런데 왜 꽃이 사라졌는지, 꽃이라는 것에 대해 쓴 책조차 볼 수 없게 만들었는지 알 수가 없었지요. 통제와 금기의 나라에서 아이는 꽃을 찾아 나섭니다. 씨앗을 심고 가꾸어 사람들에게 꽃의 존재를 알리지요. 잊었던 감정을 되찾고 꽃을 심으면서 세상은 조금씩 바뀌어 갑니다. 이 책은 금기와 통제와 억압으로 유지되는 사회의 양면을 보여 주는 책이에요. 한 아이의 무모한 용기가 세상을 변화시킬 수 있다는 걸 알게 되는 책이기도 하지요.

글이 많지 않아 읽기는 간단하지만 그림을 감상할 수 있도록 천천히 읽어 주세요. 원서 제목 'The Flower'를 알려 주면 책을 이해하는 데 더 좋습니다. 표지 그림을 보면서 왜 제목이 '위험한 책'일까 이야기를 나누어 보세요. 책을 읽기 전 어떤 내용일지 미리 추측해 보아도 좋습니다. 책을 읽은 다음 꽃의 의미에 대해서 많은 이야기를 나눌 수 있습니다. 고등학생이라면 소설 『비명을 찾아서』를 함께 읽고 토론 수업을 할 수 있습니다.

3월

새 학기의 시작,
새로운 친구

아이들은 새 학기에 어떤 기대를 하게 될까요?
3월은 새로운 선생님, 달라진 교실, 잘 모르는 친구들과 어색하게 지내는
시기일 거예요. 작년에 같은 반이었거나 또 단짝이었던 친구들이 그리워
친구의 교실을 많이 찾아다니는 때이기도 합니다.
한편으론 혼자 노는 아이의 쓸쓸한 모습도 자주 눈에 띄기도 하지요.
그중에서도 특히 1학년 아이들은 조금 긴장한 채로
어색해하는 모습을 볼 수 있지요. 그래도 아이들은 조금만 지나면
어찌되었건 둘씩 셋씩 어울리기 시작합니다. 이 시기에 적절한 그림책은
어떤 것이 있을까요? 아이들이 편안한 기분으로 새 학기에
적응할 수 있는 그림책과 활동을 소개합니다.

친구를 사귄다는 것

존 버닝햄의 『알도』는 혼자여서 외로운 아이의 마음에 위로가 되는 존재의 필요성을 알려 주는 책입니다. 힘든 일을 잊게 해 주고 현실적으로 든든한 힘이 되어 주는 친구가 얼마나 중요한지도 생각하게 됩니다.

『알도』의 내용은 이렇습니다. 알도는 주인공 여자아이의 유일한 친구인데, 사실 진짜 사람이 아니라 애착 인형이에요. 독자들은 주인공 여자아이가 외동이며 학교생활이나 가정에서의 삶이 순탄치만은 않다는 것을 그림을 통해 알게 됩니다. 새 학기 첫 그림책으로 『알도』를 선택한 이유는 주인공이 알도를 대하는 태도와 생각 때문입니다. 친구란 무엇인가, 어떻게 대해야 하는가에 대해 생각해 보고 감상을 나눌 수 있거든요.

『알도』
존 버닝햄 지음 | 이주령 옮김 |
시공주니어

또 다른 책으로 『야, 우리 기차에서 내려!』도 함께 읽고 활동하면 좋습니다. 새 봄 새 학기에 같은 반이 된 아이들의 서먹함을 조금 해소할 수 있습니다. 1년 동안 한 교실에서 보내야 할 같은 반의 협동과 단합을 위해 하나의 공동체라는 의식을 심어 주기에 적당한 그림책이지요.

『야, 우리 기차에서 내려!』는 모두 한 기차를 타고 떠나는 출발선에 선 같은 반 아이들의 마음을 모은다는 의미로 접근할 수 있습니다.

『야, 우리 기차에서 내려!』
존 버닝햄 지음 | 박상희 옮김 |
비룡소

사실 이 책은 일본의 기차 회사에서 기획된 것이에요. 그래서 일본 분위기가 풍기는 그림이 있습니다. 이 책은 증기 기관의 발명과 증기 기차의 시작이 영국이며, 산업혁명과 산업 발전의 이면과 그늘에 대한 작가의 고민이 이미지 안에 충분히 녹아들어 있다는 장점이 있답니다.

게다가 꼼꼼히 보면 환경 문제를 간접적으로 다루고 있기도 해서 환경 그림책을 주제로 하는 읽기에서 활용되기도 합니다.

새싹과 봄의 기적

봄 하면 가장 먼저 떠오르는 것이 새싹입니다. 봄은 씨앗을 심고 기르기 시작하는 계절이지요. 씨앗 이야기는 늘 결실을 맺는 시기와 함께 이야기하게 됩니다. 어떤 작물은 가을에 결실을 맺기도 하지만 더 일찍 수확 가능한 작물들도 있어요. 열무 씨는 대개 3월 말에서 4월 말에 파종하는데 불과 6~7주 후면 튼실한 열무를 수확할 수 있어요. 열무 씨 세 알을 심은 뒤 어떤 일이 일어났는지 알려 주는 재미있는 한국 그림책이 있습니다.

『씨앗 세 알 심었더니』는 눈곱만 한 씨앗 하나가 토끼 일곱 마리가 배불리 먹을 수 있을 만큼 자라난다는 것에 깜짝 놀라게 되는 그림책입니다. 씨알 세 개를 심었더니 어치와 두더지가 하나씩 먹어 버립니다. 겨우 하나 남은 씨앗에서 싹이 트고 쑥쑥 자라납니다. 그러고는 정말 풍성한 식탁을 만들어 내지요. 이런 기적과 같은 일은 흙이

『씨앗 세 알 심었더니』
고선아 지음 | 윤봉선 그림 | 보림

아니면, 봄 햇살과 빗물과 바람이 아니면 만들어 낼 수 없는 것이랍니다.

이 책을 읽은 다음 아이들과 열무 씨앗을 심고 기르기를 해 봐도 좋습니다. 두 달이 되지 않아 커다란 열무와 만날 수 있으니까요.

곤충의 겨울나기

봄에 깨어나는 것으로 대부분 식물들과 동물들을 생각하게 됩니다. 하지만 꿀벌과 같은 곤충들도 동물이 겨울잠을 자는 것과 비슷하게 겨울을 납니다. 겨우내 벌집 안에서 꼼짝 않던 벌들이 따스한 봄 공기에 밖으로 나오는 것이지요. 벌은 꽃가루를 옮겨 식물의 수분 활동을 돕기 때문에 벌들의 생존이 인류의 생존과 직결되었다는 사실은 이미 다들 알고 있을 거예요.

『와, 달콤한 봄 꿀!』
마리 왑스 지음 | 조민영 옮김
파랑새

『와, 달콤한 봄 꿀!』은 봄에 만나는 꿀과 벌들의 수고에 대해 기록한 그림책입니다. 벌들이 무엇을 좋아하는지, 어떻게 꿀을 얻는지, 꿀의 종류와 꿀로 만든 음식까지 이야기를 들려주듯 쓴 생태 그림책이지요. 찬찬히 꿀벌의 일상을 지켜보며 스케치하듯 그린 그림에 연필선이 드러나는 수채화가 친근한 느낌을 줍니다. 봄 꿀을 만들어 내는 과정을 마지막까지 따라가다 보면 책 속에서 달콤한 꿀맛이 나는 듯합니다.

『노각 씨네 옥상 꿀벌』
이혜란 지음 | 창비

평범한 노각 씨가 도시 양봉가가 되는 모습을 담은 『노각씨네 옥상 꿀벌』을 함께 읽어 보세요. 또한 꿀벌 생태는

『벌집이 너무 좁아』
안드레스 피 안드레우 지음 |
킴 아마테 그림 | 유 아가다 옮김
| 고래이야기

　물론 이주자에 대한 공동체의 편견을 꼬집은 『벌집이 너무 좁아!』도 함께 읽으면 좋습니다.

　야생 꿀을 직접 채취하는 것은 무척 어렵기 때문에 우리가 먹는 꿀은 대체로 양봉으로 얻습니다. 그림책으로 양봉을 간접 체험한 다음 양봉을 하는 가족의 이야기를 담은 영화 '허니(Bal, Honey, 2010)'도 함께 감상해 보세요. 숲속에서 벌꿀을 얻는 모습과 가족의 의미를 잔잔하게 그려 감동을 주는 영화입니다.

『알도』

읽기

- 그림체가 선명하고 또렷하지 않으므로 아이들 가까이에서 책 속 장면을 보여 주는 것이 좋습니다.
- 글이 그리 많지 않으므로 천천히 읽어야 합니다.
- 글이 없는 장면에서는 잠깐 숨을 고르듯 그림을 보며 생각할 시간을 충분히 주어야 해요.
- 상황을 굳이 설명하지 않아도 금세 알 수 있으므로 천천히 책장을 넘기며 보여 주는 것이 좋습니다.
- 부모가 말다툼을 하거나 화장실에서 괴롭힘을 당하는 장면에서는 아이들의 반응을 살피며 읽어 줍니다.

이야기 나누기

- 표지부터 장면과 등장인물 들의 상황을 살펴보아야 합니다.
- 알도와 여자아이의 관계, 각 장소마다 벌어지는 상황들에 대해 아이들이 자유롭게 이야기하도록 합니다.
- 친구는 언제, 왜 필요한지 함께 이야기 나눕니다.
- 책에 나온 말 중에 기억에 남는 것이 있는지 묻고 이유를 이야기합니다.
- 교사가 예상한 답이 나오지 않을 때는 살짝 유도해도 되지만 자유롭게 이야기하게 하는 것이 좋습니다.

활동

- '특별한/친구가/있거든' '언제나/내 곁에/있을 거야' '그럴 때에는/정말 정말/신이 나지'라는 문장을 외곽선만 남도록 편집합니다.
- 아이들에게 나누어 줄 때는 순서를 섞어서 주는 것도 좋지만 모둠별로 단어를 적절히 이으면 한 문장이 되는 조합으로 나눠 주어야 합니다.
- 낱말 카드의 비어 있는 글자 속을 각자 색칠하게 합니다. 색칠하는 동안 옆 친구들이 가진 단어와 연결해서 문장이 되도록 이리저리 연결해 보게 합니다.
- 두꺼운 종이(머메이드지 등)를 준비해 단어를 붙이면서 문장을 완성합니다.
- 문장을 다함께 읽고 느낌을 나눈 뒤 게시판이나 벽에 붙여 둡니다.

한글 프로그램의 [모양]〉[글자 모양]에서 외곽선을 선택하면 글자의 외곽선만 남게 됩니다. 글자 크기를 크게 편집해야 색칠을 할 수 있어요.

특별한

친구가

있거든

언제나

내 곁에

있을 거야

그럴 때에는

정말 정말

신이 나지

『야, 우리 기차에서 내려!』

읽기

- 오른쪽 페이지에 반복적으로 나오는 "야, 우리 기차에서 내려!"라는 문장을 아이들이 직접 함께 읽도록 합니다. 이때 너무 과열되지 않도록 주의를 줍니다.
- 책을 읽는 도중 아이들에게 '태워 줄까요, 말까요?'라고 질문합니다.
- 그림이 선명하지 않으므로 가까이서 보여 주거나 미리 큰 화면으로 볼 수 있게 준비합니다.
- 글 없이 그림만 있는 장면에서는 그림을 읽으며 이야기에 대해 생각할 수 있도록 시간을 줍니다. 존 버닝햄의 그림책에는 글이 없는 장면들이 꽤 있어요. 이때 아이들은 나름대로 이야기를 떠올리게 됩니다.

이야기 나누기

- 책을 읽으면서 동물들이 기차에 태워 달라는 이유를 확인합니다.
- 동물들과 기차를 멈추고 하게 되는 놀이는 어떤 것이 있었는지 장면들을 살펴보며 이야기 나눕니다. 함께하는 놀이 대부분은 엄마가 하지 말라는 것들, 하면 혼날 것 같은 놀이들이에요.
- 동물을 태워 줄지 안 태워 줄지 고민했다면 왜 그랬는지도 이야기 나누세요.
- 만약 태워 주지 않았다면 어떻게 되었을지 생각해 보고 발표하도록 합니다.
- 마지막 장면을 보여 주기 전에 결말을 상상해 보게 합니다. 그런 다음 기차에 함께 타고 놀았던 동물들이 모두 주인공 아이 방 안에 있는 장난감들이었다는 결말을 보고 이야기를 나눕니다.

활동

- 기차 그림을 한 량씩 모둠에 나눠 주고 같은 모둠원들이 함께 타고 가는 모습을 그림으로 표현합니다.
- 친구와 함께 타기 싫어하는 아이들도 참여할 수 있도록 잘 설득합니다.
- 기차에는 책에 나온 동물들 중 한두 마리와 모둠원들이 모두 타고 있는 모습으로 그리게 하세요.
- 말풍선에 하고 싶은 말을 써 넣어도 좋습니다.
- 친구들과 함께 기차를 타고 가는 기분을 이야기합니다.
- 기차를 하나로 이어 길게 교실 벽에 게시합니다. 빠뜨린 아이들이 없는지 확인하세요.
- 한 학기 정도 두면 아이들이 뭔가 더 그려 넣기도 하고 그림 앞에서 이야기를 나누는 모습을 볼 수 있어요.

『씨앗 세 알 심었더니』

읽기

- 조금 지루할 정도로 또박또박 천천히 읽습니다. 글이 짧고 반복되는 문장은 읽는 재미가 있습니다.
- 아이들 반응을 살피면서 속도를 조절하며 읽습니다.
- 글이 많지 않으므로 그림을 찬찬히 감상하는 시간을 갖는 것이 좋습니다.

이야기 나누기

- 그림 기법에 대해 이야기 나눕니다.

- 먹이를 숨기는 버릇이 있는 어치와 채식, 육식 가리지 않는 두더지의 생태를 짚어 주세요.
- 열무가 자라는 과정에서 어떤 존재와 만나게 되는지도 알려 줍니다.
- 씨앗 세 알을 나눠 먹은 건 누구이고, 열무를 자라게 한 건 무엇인지 이야기를 나눕니다.
- 중학년 이상은 열무 씨앗을 심는 시기와 수확하는 시기에 대해 조사하고 발표하는 시간을 가져도 좋습니다.

활동

- 열무 씨앗이 자라는 일곱 단계를 순서대로 그려서 게시판에 붙입니다.
- 열무 씨앗이 자라는 모습을 그리고 열무가 자라는 걸 지켜본 동물 친구들은 누구인지 알아봅니다.
- 실제로 무가 자라는 과정을 단계별로 준비하여 그림책 장면들과 나란히 놓아 비교해 봅니다.

- 토끼 일곱 마리가 열무 하나를 함께 떠메고 가는 장면을 모둠별로 만들어 봅니다.
- 모둠 인원수에 따라 토끼 그림을 나눠 주고 큰 열무도 모둠마다 하나씩 나누어 줍니다.

- 토끼의 얼굴과 옷을 그려 넣고 각자 자기 이름을 쓴 다음 열무 주변에 붙입니다. 완성된 장면을 게시판에 붙이세요.
- 씨앗 하나로도 충분한 나눔의 의미에 대해 이야기해 보세요.

『와, 달콤한 봄 꿀!』

읽기

- 글의 분량이 적당하므로 차분히 보통 속도로 읽어 줍니다.
- 정보성이 있는 책이므로 중간에 더듬지 않도록 미리 읽어 두면 좋습니다.

이야기 나누기

- 표지에 꿀맛 사탕, 향긋한 꿀차, 꿀로 담근 술과 식초 등 꿀로 만들 수 있는 여러 가지를 소개해 놓아 표지 그림만으로도 오랫동안 이야기를 나눌 수 있습니다.
- 연필선이 보이는 수채화 기법으로 그린 그림입니다. 직접 관찰하면서 편하게 그린 그림이므로 그림 기법보다는 느낌에 대해 이야기 나누는 것이 좋습니다. 똑같이 재현한 그림이 아닌 작가의 개성이 잘 드러난 그림입니다.

활동

- 꿀벌 생태를 미리 조사해서 발표해 봅니다.
- 꿀벌의 현재와 미래, 앞으로의 운명도 이야기를 나눕니다.
- 봄에 피는 꽃과 연관 지어서 봄에 맛볼 수 있는 꿀의 맛을 상상하고 꽃과 연관 지어 발표해 봅니다.
- 꿀벌의 수고에 대해 짧은 글쓰기를 해 봅니다.
- 꿀벌을 지킬 수 있는 방법에 대해 알아보고 대안적 양봉 방법에 대해 생각해 봅니다.

4월

놀라운 과학의 발전, 지구와 환경

4월 행사는 과학의 발전이나 과학의 성과 등에 초점이 맞춰져 있어요.
4월 21일이 과학의 날이고 다음 날인 4월 22일은 지구의 날이기 때문입니다.
두 기념일을 나란히 지정해 놓은 까닭은 무엇일까요? 과학의 발전과
지구 환경은 결코 분리해서 생각할 수 없기 때문이지요.
과학의 원리를 이용해 발명을 하고 그것을 사용하는 건 바로 사람들이에요.
불편함을 해결하거나 좀 더 나은 삶을 위해, 혹은 상상을 실현하기 위해
발명을 합니다. 그렇게 연구하고 고민하는 과정에서 과학의 발전이
이루어졌다고 볼 수 있지요. 그런데 인류만을 위한 것이라는 게 문제였어요.
눈부신 발전은 이루었지만 긴 세월 과학의 발전으로
망가진 지구를 회복시키기엔 훼손 속도가 너무 빨라졌습니다.
4월에는 과학의 발명과 훼손된 자연에 관한 그림책을 소개합니다.

신기한 발명품 이야기

『기상천외 발명백과 : 나는 발명한다, 고로 존재한다!』
마우고자타 미치엘스카 지음 │ 알렉산드라 미지엘린스카·다니엘 미지엘린스키 그림 │ 김영화 옮김 │ 을파소

『아주아주 센 모기약이 발명된다면?』
곽민수 지음 │ 숨쉬는책공장

『기상천외 발명백과』는 그림이 많은 만큼 글도 많습니다. 하지만 중학년 이상이면 충분히 읽을 수 있는 내용이에요. 고대로부터 있었던 엉뚱하고 기발한 발명품들을 소개하고 발명의 원리도 알 수 있는 책입니다. 어떤 것은 과연 이것이 발명인가 싶기도 하지만, 발명이 분명한 까닭도 알게 됩니다. 글도 재미나지만 더 재미난 그림 설명이 발명 욕구를 불러일으키지요. 한두 가지만 골라 집중적으로 읽거나 연령에 따라 몇 가지 더 읽으면 됩니다.

『아주아주 센 모기약이 발명된다면?』에서는 모기를 싫어하는 사람들이 아주 강력한 모기약을 만들어 내지만 그것은 재앙의 시작이 됩니다. 결국 살아남는 건 아무도 없어지는 거죠. 모기를 좋아하는 사람은 아주 드물겠지요? 하지만 모기만큼 사람들 곁에 오래도록 함께 머문 곤충도 없을 거예요. '쥬라기 공원'은 지어 낸 이야기이긴 하지만 공룡의 유전자를 복원시키는 데도 모기가 큰 역할을 하잖아요. 과학적으로 근거 없는 이야기도 아닙니다. 그런데 정작 모기에 대해 뭘 알고 있는지 생각해 보면 제대로 알고 있는 것이 없다는 걸 깨닫게 되지요. 암컷 모기만이 피를 빤다는 사실이 널리 알려진 것도 얼마 되지 않았어요. 너무 작아서 별로 신경 쓰지 않았을 수도 있고

『모기가 할 말 있대!』
하이디 트르팍 지음 | 라우라 모모 아우프데어하르 그림 | 이정모 옮김 | 길벗어린이

요. 과학은 끊임없이 모기를 퇴치할 방법을 궁리하고 있지만 사실 모기가 완전히 사라진다면 생태계에 일어날 부작용도 만만치 않아요. 이 책을 읽은 다음 모기에 대해 알아보기 위해 게르다라는 이름을 가진 모기 언니가 들려주는 모기 이야기 『모기가 할 말 있대!』를 같이 읽는 것도 좋습니다. 이 책은 색채와 구성이 너무 아름다워서 깜짝 놀랄 거예요.

살 곳을 잃은 동물들

『플라스틱 섬』
이명애 지음 | SANG

우리 주변은 온통 플라스틱입니다. 플라스틱이 없다면 살 수 있을까 싶을 정도예요. 처음 플라스틱이 등장했을 때는 환상적이라고 여겨졌지만 지금은 썩지도 않아 환경을 파괴하는 주범이 되었어요. 사람이 만든 플라스틱 때문에 다른 존재들이 피해를 입고 있어요. 하지만 결국 사람들에게로 돌아올 거예요. 태평양 바다에는 우리나라 면적의 15배가 넘는 플라스틱으로 된 섬들이 있습니다. 우리가 먹는 음식과 물속에도 눈에 띄지 않는 플라스틱이 섞여 있지요. 『플라스틱 섬』은 플라스틱 처리에 대한 대안이나 대책을 말하기보다 오늘날의 현실을 알아두자는 의미에서 함께 읽어 보세요.

무분별한 개발로 살 곳을 잃은 동물들에 대한 그림책도 있어요. 우리나라에 제대로 된 생태통로가 처음 만들어진 건 1998년이에요. 문제는 이 생태통로가 제 역할을 하지 못하고 있다는 거랍니다. 동물 입장에서 보면 좀 생

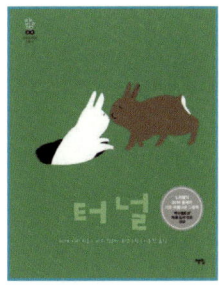

『터널』
헤게 시리 지음 | 마리 칸스타 욘센 그림 | 이유진 옮김 | 책빛

『생태 통로 : 인간이 만든 동물의 길』
김황 지음 | 안은진 그림 | 논장

뚱맞은 장소에 길만 만들어 놓은 꼴이라고나 할까요? 실제로 제대로 모니터링도 되지 않은 결과로 잘못된 생태통로가 반복적으로 만들어지고 있다고 해요. 게다가 생태통로는 법으로 규제하기보다는 권고 수준을 벗어나지 못하고 있다 하니 참 딱한 노릇입니다. 도로와 철도 등 사람들은 더 빨리, 더 편하게 가려고 길을 만들었어요. 길이 들어서기 전 그곳에서 살던 동물들은 어디로 갔을까요?

『터널』과 『생태통로』는 길을 잃은 동물들의 고되고 슬픈 길 찾기와 짝짓기에 대한 이야기를 들려줍니다. 건너다닐 높은 나무가 없어진 하늘다람쥐는 어떻게 암컷을 만날 수 있을까요? 길 잃은 물고기들은 콘크리트로 마감한 물길에 적응할 수 있을까요? 생태통로를 만들어 놓는 것만으로 인간의 할 일을 다 했다고 생각하는 것은 큰 착각입니다.

『기상천외 발명백과』

읽기

- 1장의 '왜 발명을 하는가?'를 읽은 다음 상황에 따라 책 속의 28가지 기상천외한 발명품 중 몇 가지만 골라서 읽습니다.
- 발명품 설명과 말풍선 속 대화 글은 미리 읽으면서 생략하거나 보충할 것을 메모해 두세요.

이야기 나누기

- 책에 몇 가지 발명품이 소개되어 있는지 차례 페이지를 복사하여 나눠 주세요.
- 관심 있는 분야나 꼭 보고 싶은 부분을 아이들에게 고르게 한 후 가장 많이 관심을 두는 부분만 다시 읽어 주세요.
- 발명 이름만으로 어떤 발명품일지 짐작해 본 다음 내용을 확인하는 것도 좋습니다.
- 오늘날 실제 사용되고 있는 발명품은 어떤 것이 있는지 알아보세요.

활동

- 『괴짜 발명가 노트』라는 그림책 한 권을 더 소개하고 본문을 복사하여 나누어 줍니다.
- 비어 있는 공간에 발명 아이디어를 그려 봅니다.

- 발명 아이디어 스케치를 발표하고 다른 친구들과 의견을 나눕니다. 실현 가능성을 중심으로 이야기할 수 있도록 합니다.
- 일주일 간 자기만의 발명 아이디어를 쓰고 그리도록 합니다.

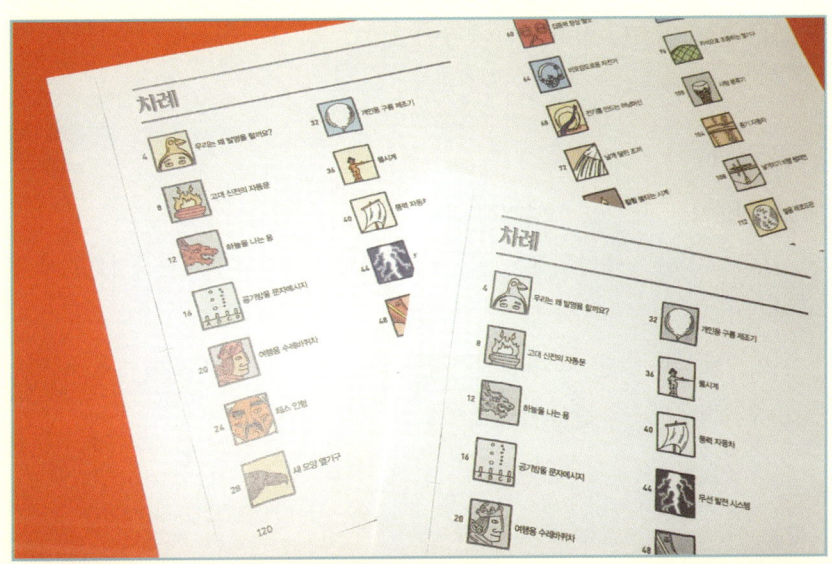

『아주아주 센 모기약이 발명된다면?』

읽기

- 글이 많지 않으니 천천히 읽어 주세요.

이야기 나누기

- 표지를 보고 느낌을 이야기해 봅니다.
- 그림을 어떻게, 무엇으로 그렸는지 색깔과 형태는 어떻게 구성했는지 살펴보세요.
- 과학자로서 인류뿐 아니라 지구 전체의 생명에 대해 생각해 보는 책이므로 주제의 방향을 잘 잡아 주세요.

활동

- 모기의 장단점을 알아보세요. 『모기가 할 말 있대!』를 참고해 생태계 먹이사슬에서 모기가 중요한 까닭을 알아보세요.
- 모기부터 시작하는 먹이사슬을 완성해 보세요. '먹이사슬'은 왜 중요한지 왜 계속 이어져야 하는지 왜 끊어지면 안 되는지 자료를 찾아봅니다.
- 먹이사슬 자료를 찾아보면서 생각한 것을 친구들과 이야기합니다.

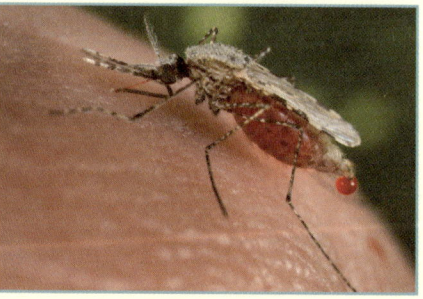

『플라스틱 섬』

읽기
- 그림을 크게 보여 주고 장면마다 글과 함께 감상할 수 있게 하세요.

이야기 나누기
- 다른 책과 비교하면서 책 표지를 코팅하지 않은 까닭을 알려 주세요.
- 누가 들려주는 이야기인지 알아보세요.
- 실제 플라스틱 섬의 사진 자료와 플라스틱을 먹이로 알고 새끼에게 먹이거나 그것을 받아먹은 뒤 죽은 아기 새들에 대한 자료도 준비하여 보여 주세요.

활동

- 각자 주변의 플라스틱을 찾아 항목을 적어 보세요. 그런 다음 다른 친구들과 비교하여 모둠별로 리스트를 만들어 보는 것도 좋아요.
- 교실 안, 학교 안에서 플라스틱을 줄이기 위해 하루에 플라스틱 하나씩 줄이기 운동을 제안합니다. 우리 일상에 깊이 들어와 있기 때문에 플라스틱으로부터 자유로울 수 없겠지만 아이들 입장에서 할 수 있는 것들을 적게 합니다.
- 플라스틱 줄이기 방법을 발표하고 게시판에 붙여 둡니다.

『터널』, 『생태통로』

읽기

- 『터널』과 『생태통로』는 학년에 따라 둘 다 읽거나 한 권만 읽어 주세요.
- 글이 많지 않으므로 글을 읽고 그림을 천천히 감상합니다.

이야기 나누기

- 표지만 보아도 많은 이야기를 나눌 수 있는 책들입니다. 두 나무 사이 거리가 너무 멀다면 날다람쥐에게 아찔한 일이 벌어질 수도 있어요.
- 도로를 가로지를 수 없어 끝없이 땅을 파는 토끼들이 살아남을 수 있으려면 어떻게 해야 할지 자유롭게 이야기 나누세요.
- 여행 중에 생태통로를 본 적이 있는지 떠올려 보고 이야기해 보세요. 자료 사진을 준비하는 것도 좋습니다.

- 고학년 아이들과는 도로와 철도를 건설하기 시작한 역사를 알아보는 것도 좋아요.

활동

- 집과 학교 주변의 생태통로를 찾아보고 위치와 형태를 그림으로 그려 보세요.
- 『숲에는 길이 많아요』를 함께 읽으며 숲으로 나들이 갈 때 어떤 점을 조심해야 하는지 알아보세요.
- 각자 혹은 각 모둠이 찾은 생태통로 지도와 그림을 발표하고 전시합니다.

『숲에는 길이 많아요』
박경화 지음 | 김진화 그림 | 창비

5월

다양한 가족, 가족의 의미

5월만큼 행사가 많은 달도 없을 거예요. 5월은 어린이 날, 어버이날, 성년의 날 등 가족 구성원을 생각하게 만드는 기념일들이 많아요. 가족에 관한 책들은 꾸준히 출간되고 있어요. 아이들에게 가족이란 든든한 버팀목이기 마련인데요, 가족에 대한 수업을 할 때는 일반적인 가족의 범주를 지나치게 강조하지 않는 것이 중요합니다. 아빠, 엄마, 나, 동생 혹은 언니, 오빠, 형…… 이렇게 구성되는 것만이 가족이라는 전통적인 관점에서 수업을 하다 보면 본의 아니게 누군가는 상처를 입게 되거든요. 가족에 관한 이야기는 늘 조심스럽지만 가족이란 '어떤 형태라도 서로를 지지하고 위안을 얻을 수 있는 구성원'이라는 생각을 가져 보는 건 어떨까요?
5월이면 늘 하는 이야기, 가족에 관한 그림책들을 읽어 보고 가족의 의미를 되새길 수 있는 간단한 활동을 살펴보아요.

가족에 대해 이해하기

『모든 가족은 특별해요』
토드 파 지음 | 원선화 옮김 |
문학동네어린이

『모든 가족은 특별해요』는 누구나 따라 그릴 수 있을 것 같은 그림이 장점이에요. 단순한 선과 형태로 그린 그림이지만 가족에 대한 여러 가지 생각들이 익숙하면서도 놀라운 감동을 주는 책입니다.

이 책은 특별한 가족만 이야기하지 않아요. 이런 가족도 있고 저런 가족도 있다, 하지만 어떤 경우에라도 서로 꼭 안아 주고, 슬퍼하며, 축하해 주고, 서로 도우며 힘을 모은다는 사실은 똑같으니 모든 가족이 특별하다는 주제를 담고 있습니다. 엄마만 둘이거나 아빠만 둘인 가족도 있다는 장면에서는 소수자에 대한 배려에 대해서도 생각하게 되지요.

실제로 우리 주변의 가족들을 보면 얼마나 다양한가요? 대가족과 핵가족, 피부색이 같은 가족과 다른 가족, 함께 살거나 멀리 떨어져 사는 가족, 새엄마와 새아빠로 이루어진 가족, 아이를 입양한 가족이나 엄마 아빠가 한 명만 있는 가족도 있지요. 엄마 아빠 없이 할아버지 할머니와 사는 가족도 있고요. 이처럼 가족 구성원이 달라도 가족을 아끼고 사랑하는 마음은 같을 거예요. 이 책은 가족의 형태가 달라도 모든 가족이 소중하고 특별하다고 말해요.

가족 관계에 대해 이야기하기

　가족들 간의 관계에서 일어나는 사건들을 보고 많은 이야기를 나눌 수 있는 그림책이 있습니다.

　앤서니 브라운은 가족을 주제로 한 책들을 많이 썼어요. 한 부모 가정으로 추정되는 집안에서 아빠와 딸의 관계로 이야기를 풀어 가는 『고릴라』, 가족 안에서 엄마의 역할과 엄마를 대하는 가족의 태도 변화 등을 이야기하는 『돼지책』, 오빠와 여동생의 다툼과 해결 방식을 보여 주는 『터널』도 있습니다. 자매 사이에서 벌어지는 사건과 화해를 담은 책으로 쓰쓰이 요리코가 글을 쓰고 하야시 아키코가 그림을 그린 『순이와 어린 동생』, 『병원에 입원한 내 동생』도

『고릴라』
앤서니 브라운 지음｜
장은수 옮김｜비룡소

『터널』
앤서니 브라운 지음｜
장미란 옮김｜논장

『돼지책』
앤서니 브라운 지음｜
허은미 옮김｜웅진주니어

『순이와 어린 동생』
쓰쓰이 요리코 지음｜
하야시 아키코 그림｜
이영준 옮김｜한림출판사

『병원에 입원한 내 동생』
쓰쓰이 요리코 지음｜
하야시 아키코 그림｜
이영준 옮김｜한림출판사

함께 읽어 주면 좋습니다. 동생과의 갈등을 어떻게 풀어내는지, 어떤 오해를 하고 있는지 알 수 있는 책이에요.

새로운 가족의 탄생

『복슬개와 할머니와 도둑고양이』
제니 와그너 지음 | 론 브룩스 그림 | 최순희 옮김 | 느림보

전혀 가족이 될 것 같지 않은 캐릭터들이 가족이 되는 과정을 그린 책도 있어요. 또 서로의 부족한 면을 잘 보듬어 따뜻한 가족을 이루는 이야기도 있고요.

『복슬개와 할머니와 도둑고양이』에서 로즈 할머니는 오래전에 남편을 잃고 존 브라운이라는 복슬개와 함께 살아요. 둘은 가족처럼 의지하고 있어요. 어느 날 밤 나타난 까만 고양이를 가족으로 들이고 싶어 하는 할머니 마음을 알고 존 브라운은 고양이에게 심술을 부려요. 할머니는 존 브라운 몰래 고양이에게 우유를 먹이다가 몸져눕기도 하지요. 책 속의 존 브라운은 마치 동생이 새로 생기는 걸 질투하는 아이의 모습과도 같아요. 고양이를 질투하는 존 브라운의 심리 묘사가 훌륭한 작품이에요.

『길 아저씨 손 아저씨』
권정생 지음 | 김용철 그림 | 국민서관

권정생의 『길 아저씨 손 아저씨』는 눈이 먼 손 아저씨와 다리가 불편한 길 아저씨가 서로 도우며 살아간다는 내용입니다. 사람은 장애가 없더라도 누구나 완벽하지 않은 존재라는 것을 알아야 해요. 서로의 부족한 면을 잘 보듬어 가족을 이루어 살게 된다는 것에 초점을 맞춰 자유 토론하기에 좋은 책입니다. 교과서에도 실려 있지만 편집이 되어 있으므로 그림책으로 보여 주기를 권합니다.

『모든 가족은 특별해요』

읽기
- 아주 천천히 읽으며 생각할 시간을 충분히 주어야 해요.

이야기 나누기
- 책에 나온 이야기를 자기 가족과 비교해 보는 것도 좋아요. 이때 아이들이 가족 이야기를 숨긴다면 모른 척하세요.
- 한 부모 가정이나 국제결혼 가정인 경우, 또는 조손 가정인 아이들이 있을 때는 자기 가족을 소개하고 싶은 아이들만 얘기하도록 하고 몇 명만 발표를 해도 좋습니다.

활동
- 책 표지로 만든 활동지를 나누어 줍니다.
- 자기 가족을 나무에 붙여 표지 그림처럼 만들기 위해 활동지 오른쪽 가족 구성원 그림에서 각자 가족 수에 맞게 골라 색칠을 합니다.
- 가위로 가족들을 오려서 왼쪽 나무에 붙이세요.
- 가족은 몇 명인지, 누구의 모습인지 서로 이야기를 나눕니다.
- 가족 이야기를 꺼리는 아이들에게는 굳이 자세히 묻지 않습니다.
- '가족 나무 만들기' 활동을 통해 아이들은 마음의 벽을 허물고 솔직하게 가족사를 털어놓기도 합니다.

- 꾸미기나 색칠을 잘한 것으로 우열을 가릴 필요가 없으므로 각자 클리어 파일에 끼워 두거나 종합장에 붙이는 것으로 마무리하세요.

『순이와 어린 동생』

읽기

- 글이 많지 않고 따뜻함이 느껴지는 그림책이므로 한 장면 한 장면 천천히 보여 줍니다.

이야기 나누기

- 비슷한 경험이 있는지 질문하고 그럴 때 어떤 마음이 들었는지 아이들의 이야기를 들어 봅니다.

활동

- 갑자기 사라진 동생을 찾으러 뛰어가는 주인공과, 놀이터에서 동생을 찾고 동생에게 달려가는 그림을 놓고 어떤 생각을 하고 있는지 말풍선 채우기를 해 봅니다.
- 아이들의 여러 가지 생각을 칠판에 적은 다음 자기 생각과 같은 것을 골라 직접 그린 말풍선에 글로 써서 채워 봅니다. 이 활동은 글쓰기에 서툰 저학년 아이들도 쉽게 할 수 있습니다.

언니와 동생에 관한 다른 책도 있어요. 『흔한 자매』, 『언니는 비밀이 너무 많아』, 『자매는 좋다』도 함께 읽어 보세요.

『복슬개와 할머니와 도둑고양이』

읽기

- 따뜻하고 정감 있는 그림을 충분히 감상할 수 있도록 읽어 줍니다.

이야기 나누기

- 이야기의 줄거리를 함께 이야기합니다.
- 한 장면을 골라서 존 브라운이 어떤 생각을 하는지 말해 봅니다.

활동

- 존 브라운이 나온 장면을 편집하여 만든 활동지를 나눠 줍니다.
- 존 브라운이 어떤 생각을 하는지 각자 발표하고 아이들의 생각을 칠판에 적습니다.
- 대답을 골라서 활동지에 적고, 존 브라운에 색칠을 하는 활동도 좋습니다.

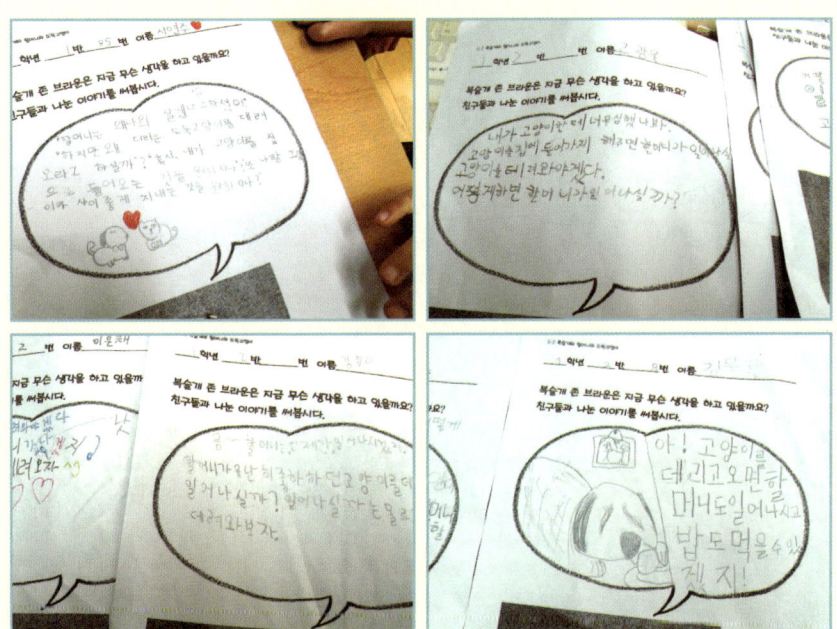

5월 ····· 77

6월

용서와 화해, 평화를 생각하다

6월은 평화에 대한 그림책을 읽고 이야기를 나누기 좋습니다. 6월 6일은 현충일이고 6월 25일은 한국전쟁이 일어난 날이기 때문이지요. 평화를 이야기하는 그림책들은 아주 많지만 읽다 보면 조금 답답해집니다. 싸움을 멈춘 상태, 싸움이 사라진 상황을 평화라고 할 수 있을 것인가, 모두가 사이좋은 상태는 가능한 것인가 고민하게 하거든요. 모든 아이들이 자신이 놓인 상황에 만족을 느끼는 순간이란 과연 가능한 것인지도 궁금해집니다. 어른들은 아이들이 다투면 무조건 화해하기를 강요합니다. 서로 손을 맞잡거나 안아 주고 상황을 끝내려고 하지요. 하지만 그런 순간적 행위만으로 아이들은 정말로 화해하고 평화를 찾을 수 있을까요? 그림책을 읽으면서 평화에 대해서 다시 생각해 보세요.

평화에 대한 감각

평화에 대해서는 연령별로 공감 가능한 상황이 모두 다릅니다. 우선은 평화에 대한 감각을 길러야 하겠지요.

『깃털 없는 기러기 보르카』의 주인공 보르카는 태어날 때부터 깃털이 없었다는 점에서 어쩌면 영원히 극복할 수 없을지도 모르는 약점을 지닌 상태입니다. 날지 못하니 항상 혼자 남게 되지요. 하지만 그런 약점과는 관계없이 보르카를 대하는 이들도 있습니다. 그들은 보르카가 다른 기러기들과는 다르다는 점을 그다지 중요하게 생각하지 않아요. 있는 그대로의 자신을 인정하는 이들을 만나면서 보르카도 약점으로 여겼던 고민이 사라지지요. 책을 읽다 보면 어느새 보르카의 약점은 잊고 이야기를 따라가게 됩니다. 이야기 속 보르카는 큐가든의 친구들과 평화롭게 살아갈 것입니다.

『깃털 없는 기러기 보르카』
존 버닝햄 지음 | 엄혜숙 옮김 | 비룡소

약점은 누구에게나 있지만 극복하거나 인정받는 과정에서 사라지기도 하고, 별 문제가 아닌 것이 되기도 합니다. 보르카에게 우리들이 할 수 있는 것은 '많이 힘들었겠구나.'라는 인정과 공감일 것입니다.

『부루퉁한 스핑키』는 놀림당하거나 무시당하던 스핑키가 왜 화가 났고 또 어떻게 풀어졌는지 함께 알아볼 수 있어요. 가족들은 각기 다른 방법으로 스핑키를 화나게 합니

『부루퉁한 스핑키』
윌리엄 스타이그 지음 | 조은수 옮김 | 비룡소

다. 스핑키가 화를 내는 이유를 잘 모를 때도 있지요. 하지만 결국 가족들이 하나둘 스핑키의 마음을 알게 되고 스핑키도 마음을 풀게 됩니다. 자신을 배려하는 가족들의 모습은 스핑키에게도 가족들에게도 평화롭고 행복한 상태를 만들어 주지요. 스핑키의 이야기를 함께 읽고 비슷한 상황을 겪은 아이들의 경험을 들어주는 것만으로도 시간이 모자랄 것입니다.

만 명이 있다면 만 가지 평화가 존재하므로 각기 다른 형태의 평화에 대해 이야기를 나눌 수 있어요. 이때 이 그림책들이 도움을 줄 수 있을 것입니다. 평화의 시작은 개인의 문제가 하나씩 해결되는 과정이라는 것을 전제로 하고 말입니다.

『나무집』은 글 없는 그림책이에요. 어디선가 고래를 타고 온 북극곰이 나무집에서 살게 되는데 그곳을 찾는 여러 동물들과 함께하는 시간들을 담고 있습니다. 북극곰이 떠나 온 이유는 무엇인지 나무집은 어떤 역할을 해 주는지 등 여러 이야기를 나누기 좋은 그림책입니다.

『나무집』
마리예 톨만·로날트 톨만 지음 |
여유당

싸움의 시작과 끝

싸움의 반대가 평화가 아니듯이 평화의 반대도 싸움이나 전쟁은 아닙니다. 수많은 사람들과 만나고 어울리며 싸움, 다툼, 투쟁을 하지 않고 살기란 힘든 일이지요. 그리고 그런 과정을 통해 평화의 소중함을 알게 되기도 하지요. 극히 사소한 문제에서 출발한 싸움이 어떻게 커 가는지

『싸움에 관한 위대한 책』
다비드 칼리 지음 | 세르주 블로크 그림 | 정혜경 옮김 | 문학동네

『왜?』
니콜라이 포포프 지음 | 현암사

『평화는요,』
토드 파 지음 | 예림당

보여 주는 책들이 있어요. 다비드 칼리가 글을 쓰고 세르주 블로크가 그린 『싸움에 관한 위대한 책』과 니콜라이 포포프의 『왜?』가 그렇지요. 이 책들은 저학년보다는 중학년 이상의 아이들이 좋아합니다.

『싸움에 관한 위대한 책』은 책을 많이 읽는 2학년부터 무난히 이해할 수 있을 정도의 책입니다. 이 책의 경우 결말 부분이 조금 아쉽기는 해요. 싸움이 끝나면 무엇을 얻는가라는 질문으로 시작하는 페이지와 그 이후가 생략되었다면 읽고 난 후 할 이야기도 더 많아졌을 것입니다.

『싸움에 관한 위대한 책』은 교실, 학교에서 일어날 법한 상황들이라 아이들이 크게 공감하는 책이에요. 특히 4학년 남자 아이들에게 열렬한 지지를 받았습니다. 누구라도 그릴 수 있을 것 같은 그림이 주는 친근함도 한몫했고요. 책을 읽은 후 아이들과 싸움이 끝난 뒤 우리가 얻을 수 있는 것은 무엇인지 생각해 보고 짧은 글을 쓰는 활동을 하면 좋습니다. 고학년일수록 예상치 못한 진지한 답을 들을 수 있습니다.

『왜?』는 사소한 일에서 시작되는 싸움이 큰 전쟁으로 번지고 결국 폐허만 남게 된다는 교훈을 주는 책입니다. 글 없는 그림책이어서 그림만으로도 충분히 이야기를 이해할 수 있으므로 저학년도 잘 읽을 수 있습니다.

그 밖에 전쟁과 평화를 다루는 책들은 많은데요. 개념 정리를 해 준다는 의미에서 토드 파의 『평화는요,』가 적당합니다. 전쟁에 관한 역사적 사실을 근거로 제작된 평화

『꽃할머니』
권윤덕 지음 | 사계절

그림책도 있습니다. 한국, 중국, 일본 세 나라의 작가들이 함께 기획해 만든 사계절출판사 평화그림책 시리즈이지요. 역사 교과에 맞춰 읽기 좋은 그림책들입니다. 그중 한국 그림책인 『꽃할머니』는 위안부 할머니의 증언을 바탕으로 만들어진 책이에요. 권윤덕 작가의 작업 과정을 다룬 다큐 영화도 있으니 고학년 이상은 책을 읽고 함께 영화를 보고 토론을 하면 좋습니다.

그림책 심화 수업

『깃털 없는 기러기 보르카』

읽기

- 존 버닝햄의 다른 책과 달리 윤곽선과 색이 또렷한 책입니다. 그림 설명을 곁들이면서 읽어 주세요.

이야기 나누기

- 앞부분의 슬프고 괴로웠던 상황과 후반부의 편안하고 행복해진 상황들을 찾아보며, 보르카의 마음을 짐작해 봅니다.
- 보르카의 마음을 행복하고 편안하게 만들어 준 계기와 이유를 이야기 나눕니다.
- 저학년, 중학년에 따라 다른 활동을 할 수 있습니다.

활동

- 저학년 아이들의 경우 편집한 보르카 그림을 나누어 주고 깃털 옷을 입혀 주는 활동을 합니다.
- 중학년 이상은 자신의 약점을 이야기해 보고 어떻게 극복하면 좋을지 자유 토론으로 마무리합니다.
- 쪽지에 약점을 쓴 다음 바구니에 담아 쪽지를 뽑은 사람이 조언을 써 주는 활동을 해 보세요. 이름은 쓰지 말고 아이들 혹은 교사가 쪽지를 읽어 주는 것도 좋아요.

보르카에게 멋진 옷을 입혀 주는 활동은 저학년 아이들에게 적당한 활동입니다. 각자 생각하는 깃털 옷을 자유롭게 그리고 색칠할 수 있게 해 주세요.

『나무집』

읽기

- 글이 없는 그림책은 천천히 보아야 해요. 그림을 잘 읽는 것이 무엇보다 중요하기 때문에 책장을 넘기며 그림을 살펴보고 설명을 곁들입니다.

이야기 나누기

- 북극 빙하와 빙하 사이를 헤엄쳐 다니는 북극곰이 고래 등을 타고 다니는 까닭은 무엇인지, 물은 왜 다 말라 버렸는지, 동물들은 마지막에 어디로 가게 되었을지 등의 질문을 주고받습니다.

활동

- 미리 준비한 활동지를 나눠 주고 반으로 접게 합니다.
- 활동지는 표지 그림을 포함한 그림책 속 네 장면을 골라 A4지 앞뒤로 연결되게 편집합니다.
- 접은 종이를 넘기면서 이어지는 그림을 보고 각자 이야기를 만들어 봅니다. 대부분 결말은 평화로 이어집니다.
- 표지를 꾸미고 이름을 적은 다음 발표하도록 합니다.

- 상황에 따라 환경문제의 결과로 볼 것인지 자연재해로부터 평화를 되찾은 이야기로 볼 것인지 토론하고 마무리하세요.

『왜?』

읽기

- 글이 없는 그림책이므로 꼼꼼히 그림을 읽을 수 있도록 교사가 그림의 몇 가지 요소들을 짚어 줍니다.

이야기 나누기

- 싸움이 점점 커지는 이유에 대해서 이야기를 나눕니다.
- 결말을 보기 전에 어떤 결말일지 예상하고 이야기를 나눕니다.

활동

- 책 속 장면을 복사해서 글을 넣는 활동을 합니다.
- 모둠을 나누어 한 모둠이 책 한 권을 완성할 수 있게 합니다.

『평화는요.』

읽기

- 아이들이 그린 듯 단순한 선과 강렬한 색을 쓴 그림을 살펴보세요. 칸을 나누어 만화처럼 표현했습니다.
- 글은 매우 짧고 그림도 간단해 보여서 시간을 끌 듯이 읽지 않으면 너무 빨리 끝나 버리는 책이에요.
- 그림과 글을 비교하면서 읽도록 하세요. 글을 읽은 후 그림을 살피면서 서로 어울리는지 혹은 그림 기법에 대해 이야기를 나누어도 좋아요.

이야기 나누기

- 글과 그림이 생각할 거리가 많은 책이므로 자연스럽게 내용에 대한 이야기를 나누어 보세요.
- 평화를 추상적으로 생각했던 아이들에게는 일상적인 평화 이야기가 생소할 수 있습니다. 하지만 그런 까닭에 공감의 폭이 넓어질 수 있습니다.

활동

- 책 본문 이미지로 한 장 책을 만드는 활동입니다. 본문 이미지를 가져오되 글만 지우고 한 장 책 구성에 맞게 편집합니다.
- 컬러로 프린트한 활동지를 한 사람당 한 장씩 나눠 주세요.
- 한 장 책 접기로 접으면 작은 평화 책이 됩니다.
- 흑백으로 프린트 한 다음 아이들이 직접 색칠할 수도 있어요.
- 그림 빈자리에 적당한 글을 써 넣도록 하세요.

- 앞뒤 표지 원하는 자리에 자신의 이름을 쓰고 자기만의 평화 책을 완성합니다.
- 중학년 이상은 빈 종이를 주고 직접 그림과 글을 한 번에 쓰고 그려 넣어도 좋아요.

 **한 장 책 접기 순서**

① 종이의 긴 쪽을 그림과 같은 모양으로 가로 세로를 접습니다.
② 종이를 펴서 그림에 표시된 파란 선을 칼이나 가위로 자릅니다.
③ 반으로 접으면 그림처럼 가운데 구멍이 난 모습이 됩니다.
④ 왼쪽 끝 부분을 안쪽으로 밀어 넣으면 작은 책이 완성됩니다.
⑤ 가운데 부분에 풀을 칠해서 고정합니다.

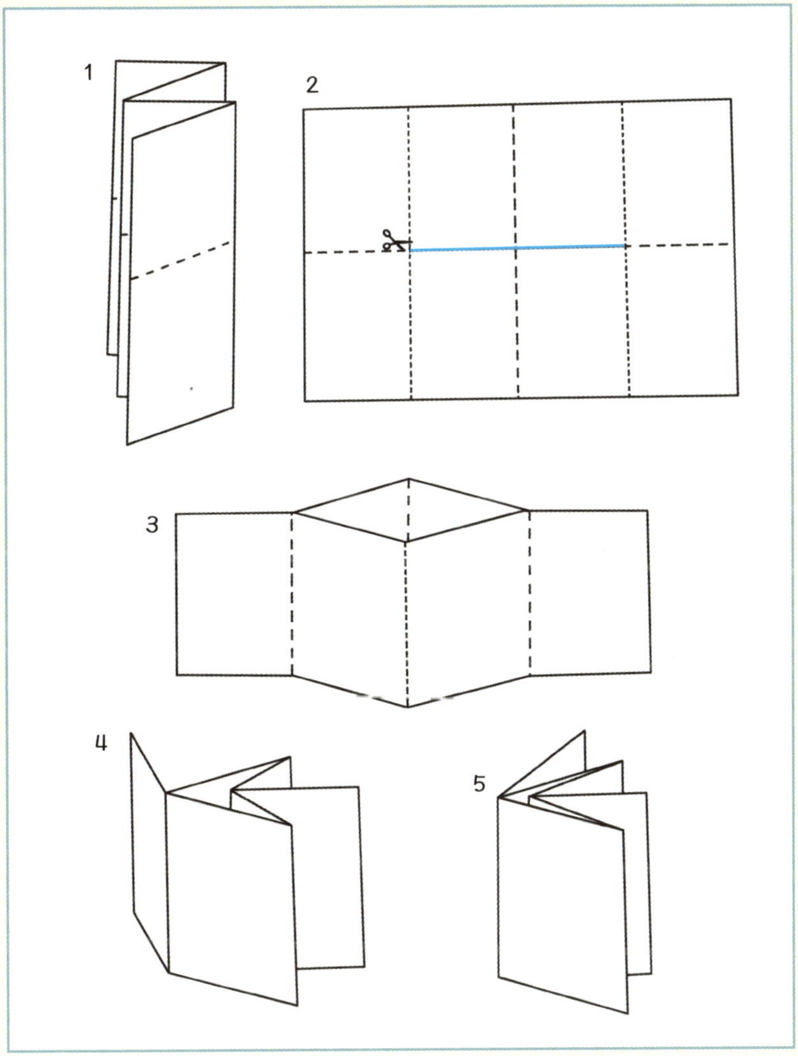

7월

생명과 자연, 지구를 지키는 방법

7월은 한낮의 강한 햇살을 받은 식물들이 파릇파릇함을 뽐내는 계절이에요.
싱그러운 식물들을 보면 자연과 환경에 대해 생각하게 하지요.
근대 이후 인간이 지구에 살고 있는 자기 이외의 존재들을 대상화하기
시작한 것은, 모든 것을 수치로 환산할 수 있다고 믿은 까닭입니다.
자연을 수치화하여 조작 가능한 대상으로 보는 현상은
지금도 우리 곁에서 벌어지고 있습니다. 그렇게 자연을 보고 대하는
인간이 저지른 오류는 각종 환경문제로 되돌아오고 있지요.
인간은 자연의 일부로 자연에서 나고 죽으며, 어떤 동물이나 식물에 비하면
아주 짧은 생을 지내다 가는 존재일 뿐입니다. 그러므로 지구라는 별에서
함께 살아가는 생명이 있는 모두를 서로 존중해야 지구를 오랫동안 지켜낼 수 있지요.
환경문제에 대해 알아보기 위해 그 시작으로 생명,
살아있는 존재의 출발을 알려 주는 그림책부터 읽어 보세요.

새 생명의 탄생과 순환

『나무』
대니 파커 지음 | 매트 오틀리 그림 | 강이경 옮김 | 도토리숲

『나무는 좋다』
재니스 메이 우드리 지음 | 마르크 시몽 그림 | 강무홍 옮김 | 시공주니어

『나무』를 보면 작은 싹이 트고 자라나는 것을 지켜보는 누군가가 있습니다. 들쥐, 호랑나비 같이 아주 작은 존재들이지요. 처음엔 비슷한 눈높이였지만 작은 싹은 어느새 작은 나무가 되어요. 끝이 보이지 않는 커다란 나무도 묵묵히 곁에서 보살핍니다. 작은 존재들은 싹이 나무가 되고 눈비와 바람을 견디며 자라는 걸 지켜봅니다. 시간이 흘러 사람들에 의해 숲이 사라져도 그들은 나무와 함께하지요. 작은 나무는 마침내 잎이 무성하고 튼튼한 커다란 나무가 됩니다. 그리고 나무의 곁에는 작고 여린 그 무엇이 자리를 틀지요.

책을 읽는 동안 아이들의 시선을 살펴보면 재밌습니다. 자기도 모르게 몸을 낮추고 나무를 올려다보게 되지요. 책 속 대부분의 장면이 그렇습니다. 책을 다 읽은 뒤, 표지를 벗겨 나이테를 만져 보게 하세요. 표지를 펼치면 그림이 상하좌우로 확장되고, 뒷면에는 생명과 순환에 관련된 단어들이 나이테 모양으로 인쇄되어 있습니다.

나무가 우리 생활 속에서 얼마나 소중한 존재인지를 잘 보여 주는 책 『나무는 좋다』를 이어서 읽으면 좋습니다. 『나무는 좋다』는 나무가 왜 좋은지 여러 가지 이유를 알려 주므로 아이들도 생각할 내용이 많아집니다.

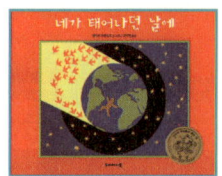

『네가 태어나던 날에』
데브라 프레이저 지음 | 신여명 옮김 | 두레아이들

『네가 태어나던 날에』는 한 생명이 태어나는 것을 온 우주가 지켜본다는 내용이에요. 책을 읽다 보면 '나'라는 존재가 자연으로부터 소중하게 만들어진 것이라는 느낌이 들지요. 청소년이나 성인이 읽어도 감동을 받을 수 있는 책이랍니다.

지구에 사는 공동 운명체

『물과 숲과 공기』는 한 마을의 풀밭을 어떻게 써야 할지 고민하게 되는 이야기입니다. 지구라는 공동의 풀밭을 쓴다고 생각하면 마을 사람들이 모두 지구인인 셈이지요. 우리가 각자의 이익을 챙기기 위해서만 노력한다면 모두가 함께 쓰기로 한 지구는 어떻게 될까요? 이 대답은 『지구를 다 먹어 버린 날』에서 보여 줍니다.

『물과 숲과 공기』
몰리 뱅 지음 | 최순희 옮김 | 마루벌

『지구를 다 먹어 버린 날』
알랭 세르 지음 | 실비아 보나니 그림 | 박희원 옮김 | 뜨인돌어린이

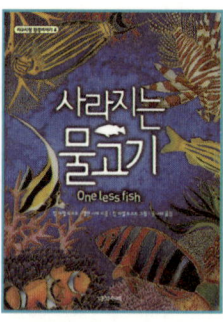
『사라지는 물고기』
킴 미셸 토프트 지음 | 윤나래 옮김 | 다섯수레

『지구 호텔』
지그리드 바페르 지음 | 쥘리엥 로자 그림 | 이세진 옮김 | 달리

또한 생태계 오염으로 물고기가 바다에서 모두 사라지는 이야기 『사라지는 물고기』도 함께 읽으면 좋습니다. 중학년의 경우 『물과 숲과 공기』를 읽은 다음 『지구 호텔』을 읽고 토론으로 이어 보세요.

환경과 관련한 수업을 마무리하는 데 좋은 또 다른 그림책은 3월에 읽은 『야, 우리 기차에서 내려!』입니다. 공동 운명체로서 함께 기차를 타고 여행하는 과정을 보여 주는데요, 멸종 위기 동물들이 주인공 아이가 타고 있는 기차에 태워 달라고 합니다. 중요한 것은 이 기차가 증기 기관차라는 사실입니다. 환경 문제가 심각하게 대두되기 시작한 것이 영국의 산업혁명 시기이므로 역사적인 배경과도 연관해 읽고 토론해 보세요.

그림책 심화 수업

『나무』

읽기

- 책을 읽어 주는 동안 몸을 낮추는 아이들이 있는지 살펴보세요.
- 책을 읽으며 교사가 직접 몸짓으로 보여 주는 것도 좋아요.

이야기 나누기

- 책 표지에 나이테가 표현된 부분을 만져 보고 느낌을 이야기하거나 나이테에 대한 이야기를 나누는 것도 좋습니다. 인원이 많을 때는 차례로 만져 보게 합니다.
- 책 표지를 펼쳐 보여 주고 생명과 순환에 대한 단어 몇 개를 써 보게 합니다. 저학년에게 어려운 단어는 설명을 해 주고 너무 어려운 단어는 건너뛰거나 쉬운 단어만 제시합니다.
- 몸을 낮추어 나무를 볼 때의 느낌을 이야기합니다. 작은 동물이 된 것 같다는 답이 나오지 않는다면 살짝 유도합니다.

활동

- 작은 씨앗이 자라나는 것을 지켜볼 수 있는 다른 숲속 동물들은 누가 있을지 조사해 봅니다.
- 새로 찾은 동물을 그리는 활동이나 숲속에 사는 동물의 생태를 조사해 써 보게 합니다.

『네가 태어나던 날에』

읽기

- 책을 읽어 주는 동안 어떤 동물들과 어떤 상황이 나오는지 살펴보세요.

이야기 나누기

- 이미지를 어떻게 표현했는지에 대해 이야기를 나눕니다.
- 색상지를 이용한 콜라주 기법을 살펴봅니다.

활동

- 나만의 작은 책을 만들기 위해 미리 가로세로 8센티미터 크기의 종이를 준비해서 10장씩 묶어서 나누어 줍니다.
- 내가 태어나는 것을 기다리고 소식을 전해 준 존재들을 떠올려 봅니다.
- 다양한 동물 본을 준비해서 나누어 준 다음 하나씩 오립니다.
- 오려낸 동물 모양을 책에 나온 순서대로 작은 책에 붙이고 동물의 이름도 씁니다.

- 표지로 쓸 두꺼운 종이에 작은 책을 풀로 붙여 책을 완성합니다.
- 표지에는 사람 모양을 오려 붙이고 제목과 자기 이름을 쓰도록 합니다.

- 시간이 넉넉하고 고학년이라면 수작업으로 제본을 해 볼 수 있습니다. 저학년에게는 구멍을 뚫은 종이와 돗바늘, 굵은 실을 이용해 종이를 하나로 묶

는다는 정도로 제본을 체험해 보세요. '책'의 시작을 체험하고 '나'의 시작을 담아 본다는 의미로 연결해 보세요.
- 나만의 책에 대해 발표하고 정리합니다.

『나무는 좋다』

읽기

- 책을 읽기 전에 책의 모양을 잠깐 언급합니다. 왜 긴 판형인지 자유롭게 이야기하고 다른 책과 비교해 봅니다.
- 나무의 좋은 점을 살필 수 있도록 천천히 읽어 줍니다.

이야기 나누기

- 책에 나온 내용을 되새기는 의미에서 나무가 좋은 이유를 발표하게 하고 내용을 칠판에 써 둡니다.

활동

- 녹색 계열로 세 가지 이상 다양한 색의 A4 색상지를 손바닥만 한 크기의 직사각형으로 잘라 나눠 줍니다.
- 한 사람당 다른 색상지를 여러 장 나누어 주고 나무가 좋은 점을 세 개 이상 써 봅니다. 뒷면에는 자기 이름을 꼭 쓰게 하세요.
- 칠판에 써 둔 것을 그대로 써도 좋고 새로운 이유를 써도 좋습니다.
- 소포지(크라프트지)나 검은 마분지를 2절 정도 크기로 벽에 붙이고 나무 둥치는 크레파스를 이용해 미리 그려 두세요. 인원이 많으면 두 개 이상 준비하거나 전지를 이용하세요. 이때 배경 종이는 벽 색깔과 맞추면 좋습니다.
- 아이들이 쓴 쪽지를 나뭇잎처럼 붙여 줍니다.
- 계절에 따라 초록 계열이 아니라 갈색, 노란색 계열의 종이로 꾸며도 좋습니다.
- 나무 앞에 모여 자기 쪽지를 보여 주며 발표하세요.

쪽지를 붙일 때는 한쪽 귀퉁이에만 풀칠을 해서 붙여 주세요. 바람이 불면 나뭇잎이 흔들리듯 날리는 효과가 난답니다.

7월

『물과 숲과 공기』, 『지구를 다 먹어 버린 날』

읽기

- 『물과 숲과 공기』를 먼저 읽습니다. 표지를 펼쳐 앞표지에서 뒤표지로 이어지는 그림을 보면서 무엇이 보이는지 물어보세요. 지구가 연상되는 것을 알 수 있어요.
- 『지구를 다 먹어 버린 날』은 천천히 읽어 줍니다. 이 책은 뒤표지를 미리 보여 주지 않도록 주의하세요. 앞표지부터 시작해서 끝까지 읽고 난 뒤의 상황을 보여 주니까요. 읽기 전에 앞표지를 꼼꼼히 살펴보세요.

이야기 나누기

- 앞표지에는 무엇이 있는지 이야기하고, 뒤표지에서는 앞표지의 상황이 어떻게 달라졌는지 이야기 나눕니다.
- 두 권을 읽고 자유롭게 느낌을 이야기해 보세요.

활동

- 『지구를 다 먹어 버린 날』은 표지 그림에서 얼굴과 배경을 지워서 복사한 다음 나누어 줍니다.
- 각자 자신의 얼굴을 그려 넣고 색칠을 해서 활동지를 완성합니다.

얼굴을 그릴 때는 다양한 표정으로 표현하도록 해 주세요.
말풍선을 그리고 지구에 하고 싶은 말이나 자신의 기분을 써 넣어도 좋습니다.

8월

기후 변화와 빙하, 극지방에 사는 동물들

한여름 더위가 기승을 부리는 8월, 지구를 생각하는 책들을 몇 권 더 소개하려고 합니다. 우선 극지방에 살고 있는 생명들에 관한 이야기들입니다. 극지방은 지구의 다른 지역들에 비해 덜 알려진 곳입니다. 나라마다 기후 조건이 열악한 극지방에 기지를 세워 연구를 진행하고 있어요. 한국도 북극에는 다산기지, 남극에는 세종기지를 두고 있지요. 이렇게 전 세계가 극지방에 관심을 두는 까닭은 지구온난화나 지구 기후 변화로 빙하가 녹고 있기 때문이랍니다. 빙하 속에 남은 퇴적물에는 지구의 역사가 그대로 남아 있기도 하고, 지구가 어떻게 생겨났는지, 어떤 과정을 겪었는지도 알 수 있지요. 말하자면 지구를 살리기 위해서라도 극지방 연구는 꼭 필요한 일인 셈입니다. 극지방 연구에 관한 내용은 과학 교과에도 포함되어 있는데요, 자료를 준비해서 아이들과 함께 극지방의 생태에 관한 이야기를 나누면 좋습니다.

북극곰과 지구 온난화

북극 하면 북극곰, 남극하면 펭귄. 이 친구들은 마치 지구 생태 보존의 아이콘과도 같아요. 우선 북극 이야기부터 해 볼까요? 북극곰을 소재로 한 책들은 꽤 많이 나와 있지만 설득력 있는 책을 만나기는 쉽지 않습니다. 북극곰에게 불쌍하다, 미안하다, 내가 잘못했으니 이제라도 도와줄게 하는 내용이 대부분입니다. 펭귄에게도 마찬가지지요. 그중 자신들의 삶이 위기에 놓였다는 것을 자각하고 스스로 발 벗고 나서는 모습을 담은 그림책이 있습니다.

「북극곰 윈스턴, 지구 온난화에 맞서다!」
진 데이비스 오키모토 지음 | 예레미야 트램멜 그림 | 장미정 옮김 | 한울림어린이

『북극곰 윈스턴, 지구 온난화에 맞서다!』에서는 온난화로 인한 문제가 북극곰들의 생존과 직결된다는 것을 깨달은 곰들의 반란이 시작됩니다. 짧고 쉽게 북극의 문제를 곰들의 주장을 통해 알려 주는 이 책에는 생활 속에서 실천해야 할 여러 가지 방법들도 알려 줍니다. 앞뒤 면지 가득 북극곰들이 들고 있는 팻말에 실천 내용이 적혀 있지요. 이 책에서 곰 이름은 윈스턴이고, 마을 이름은 처칠이에요. 실제로 존재하는 캐나다 매니토바 주의 처칠로, 북극곰들을 많이 만날 수 있는 곳이지요. 이곳은 사람보다 곰이 많은 북극곰 최대 서식지인데요, 인근 와프스크 국립공원에서 봄과 여름을 난 북극곰들은 얼음이 어는 시

기인 11월 초, 처칠로 모여들어 바다가 얼기를 기다립니다. 북극곰들에게 처칠 마을은 북극으로 이동하는 길목의 대합실과도 같은 곳입니다. 온난화로 따뜻해진 날씨에 처칠 앞바다는 겨울에 늦게 얼고 봄에 일찍 녹습니다. 보통 물개가 주식인 북극곰은 물개가 숨을 쉬기 위해 얼음 위로 올라올 때 사냥을 합니다. 얼음이 얼지 않으면 사냥을 못하는데, 처칠 앞바다가 한 달 이상 늦게 얼기 시작하면서 북극곰 역시 한 달 이상을 더 굶어야 하지요. 이 때문에 북극곰의 영양 상태가 더 악화되어 개체수도 점점 줄고 있습니다. 세계 북극곰 보호단체인 북극곰 인터내셔널(PBI)은 현재의 온난화 속도라면 2050년엔 처칠을 지나는 북극곰은 모두 멸종할 것이라고 보고 있어요. 2050년이라면 30년 정도 남은 셈이네요.

처칠 마을에서 일어난 일을 이야기하려다 보니 주인공 북극곰 이름을 윈스턴이라고 지은 것 같습니다. 곰 윈스턴은 안경을 코끝에 걸쳐 쓰고 손에는 시가를 들고 있어요. 영국 수상 윈스턴 처칠처럼 말이죠.

고학년의 경우 『나는 내가 아니다』를 이어서 읽도록 하는 것도 좋습니다. 이 책은 북극에 살고 있는 이뉴잇들이 기후 변화로 자신들의 전통적인 지식을 쓸 수 없게 되는 상황에 빠지게 되는 이야기입니다. 당장 우리 눈앞에는 기후 변화에 따른 급속한 변화가 펼쳐지지 않지만, 이미 극지방 원주민들의 삶은 바뀌고 있어요. 그것이 남의 일이 아니라 우리에게도 곧 벌어질 수 있는 위기의 징조라는

『나는 내가 아니다』
자미 바스테도 지음 | 박현주 옮김
| 검둥소

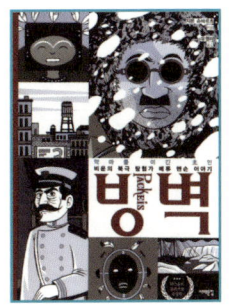

『빙벽』
지몬 슈바르츠 지음 | 유영미 옮김 | 서해문집

메시지를 주는 책입니다.

북극 관련해서 또 한 권 소개하고 싶은 책은 청소년들이 읽을 만한 그래픽노블 『빙벽』입니다. 이뉴잇들을 탐험의 대상으로만 보았던 탐험가 로버트 피어리보다 1시간 앞서 북극점에 도달한 매튜 핸슨의 이야기입니다. 피어리의 조수였던 매튜 핸슨은 흑인이었기 때문에 어떤 기록에도 남지 않았지만 이뉴잇의 삶 속에는 깊이 남아 그들의 전설과 노래 속에 기억되고 있다고 합니다.

매일매일 배달되는 펭귄

남극의 주인공 펭귄 이야기는 『펭귄365』를 통해 알 수 있어요. 엉뚱하고 실현 불가능할 것 같은 계획이 펼쳐지는 유쾌한 이야기입니다.

새해 첫날인 1월 1일부터 주인공의 집에 매일 한 마리씩 펭귄이 배달됩니다. 누가 보냈는지, 왜 보내는 것인지 알 수가 없지요. 이제 끝인가 하면 다음 날 또 배달되어 오는 귀여운 펭귄들을 어떻게 돌봐야 할지 고민이 시작됩니다. 이 과정에서 덧셈과 곱셈 등 몇 가지 연산이 나와 수학을 친숙하게 받아들이게 합니다. 온 집안이 펭귄으로 가득차고 가족들이 마당에서 송년 파티를 열 때 펭귄을 보냈던 외삼촌이 등장하여 남극의 현실과 온난화 문제 등을 알려 줍니다. 그리고 맨 마지막 장면의 반전은 또 다른 이야기가 다시 시작되는 것을 보여 줍니다.

이 책은 여러 가지 활동을 할 수 있습니다. 저학년일 경

『펭귄365』
장 뤽 프로망탈 지음 | 조엘 졸리베 그림 | 홍경기 옮김 | 보림

우 종이로 펭귄을 만들거나 스탬프를 이용해 작은 책을 만들 수 있어요. 중학년 이상은 모둠별로 장면을 하나씩 골라 전시할 수 있는 형태의 책을 만들기도 했습니다. 또 청소년 이상 어른들을 대상으로는 겨울 외투를 활용, 펭귄 인형을 직접 만들 수도 있습니다.

남극으로 떠나다

남극 관련 책이 많지 않지만 예술성이 있고 자료로도 훌륭한 『소피스코트 남극에 가다』가 있습니다. 아홉 살 여자아이가 쇄빙선 선장인 아빠를 따라 남극에 가게 된 이야기를 일기로 쓴 것입니다. 소피의 탐구정신과 호기심이 풍성한 정보와 함께 펼쳐집니다.

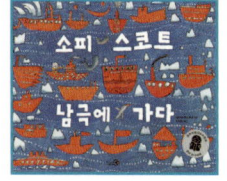

『소피스코트 남극에 가다』
앨리슨 레스터 지음 | 엄혜숙 옮김 | 천개의바람

실제 남극을 여행한 작가의 체험담에 아이들의 이야기가 담긴 그림으로 만들어진 『소피스코트 남극에 가다』는 남극에서만 볼 수 있는 여러 가지를 보여 주고 체험하게 해 줍니다. 쇄빙선을 탄 아이가 들려주는 이야기라 표지를 부서진 남극 얼음이 떠다니는 듯 꾸민 것도 재미있어요. 표지에서부터 할 이야기가 정말 많은 이 책은 중학년 이상이라면 누구라도 좋아할 것입니다. 남극에 관한 구체적인 예와 아이가 그린 듯한 그림과 풍부한 사진이 잘 어우러진 책이지요.

『20세기 최고의 탐험가 어니스트 섀클턴』은 부제처럼 '남극 탐험을 향한 멈추지 않는 도전'을 했던 어니스트 섀클턴의 이야기입니다.

『20세기 최고의 탐험가 어니스트 섀클턴』
윌리엄 그릴 지음 | 이은숙 옮김 | 찰리북

　사실 이 책은 섀클턴의 생애를 다루기보다는 남극 탐험 사상 전 대원이 살아 돌아온 이야기를 주로 다룹니다. 원제목도 '섀클턴의 여정(Shackleton's Journey)'이에요. 탐험대를 모집하고 남극으로 떠난 탐험대원들과 함께 겪게 되는 일들이 재현되어 있습니다. 이 책처럼 색연필만으로 남극의 풍광을 만들어 내고 남극에서의 생생한 모험담을 전달해 주는 책을 만나기란 흔치 않을 듯합니다. 책 분량이나 내용으로 보아 고학년 이상, 청소년들도 좋아할 만한 책입니다. 이야기를 나눌 때에는 탐험이나 모험에 대한 것도 다룰 수 있겠지만 참고 자료를 근거로 극지방 생태의 중요성, 보존해야 하는 까닭, 보존 방식에 대한 구체적인 토론을 해 보는 것도 좋습니다.

 **그림책 심화 수업**

『북극곰 윈스턴, 지구 온난화에 맞서다!』

📖 읽기

- 책을 읽기 전에 처칠 마을에 관한 정보와 윈스턴 처칠에 대한 자료 사진들을 보여 줍니다.
- 복잡한 지명이 나오기 때문에 책을 미리 읽어 두는 것이 좋습니다.
- 표지 다음에 나오는 면지를 펼쳐 보여 주고 우리가 할 수 있는 일인지 함께 읽어 봅니다.

💬 이야기 나누기

- 북극곰에 대한 정보는 대체로 많이 알고 있지만 특정한 지명을 들어 문제점을 알려 주면 더 구체적이고 직접적으로 느낄 수 있습니다. 실제로 처칠 마을에는 북극곰들이 집 가까이 와서 창문을 두드리는 일도 가끔 일어난다고 합니다.
- 북극곰 윈스턴과 영국 수상 윈스턴 처칠이 어떻게 닮았는지 살펴보고 이야기 나눕니다. 윈스턴 처칠이 했던 유명한 말과 북극곰 윈스턴이 했던 말도 찾아 비교해 봅니다.
- 면지의 팻말에 적힌 글을 하나하나 칠판에 옮겨 적으면서 책에는 나오지 않는 다른 실천 방법들은 없는지 발표합니다.

활동

- 환경보호를 위한 방법을 고민하고 팻말을 만들어 봅니다.
- 택배 포장용 두꺼운 종이 상자를 재활용하면 좋습니다. 마분지, 검은 재생지, 골판지 등 재료를 다양하게 준비하면 좋습니다.
- 크레파스를 이용하고 색연필을 써도 좋습니다. 재생지나 골판지에 그렸을 때 효과가 좋은 것은 크레파스나 파스넷이에요. 파스넷은 활용하기에는 좋지만 손에 잘 묻어난다는 단점이 있으니 물수건을 준비해야 합니다.
- 그림책 속 북극곰들이 된 것처럼 팻말을 들고 학교 복도와 운동장을 한 바퀴 돌아봅니다.
- 중학년 이상인 경우 토론을 하고 생각을 발표합니다.

8월 ····· 115

『펭귄365』

읽기

- 인원이 많지 않으면 택배 아저씨의 '딩동' 벨 누르는 소리를 아이들과 함께 읽으면 좋아요.
- 계산식이 나오는 부분에서 간단한 덧셈은 아이들이 암산하도록 기다려 줍니다. 저학년의 경우 두 자릿수 덧셈이나 곱셈이 나오는 장면은 그냥 읽고 넘어가도 되지만 중학년 이상은 아이들이 계산할 수 있게 기다려 줍니다.
- 장면마다 글이 길지는 않아서 한두 번만 미리 읽어 두면 맛깔나게 읽어 줄 수 있습니다.
- 고학년은 책의 주제가 정리되어 있는 '삼촌의 말씀' 부분을 함께 읽는 것도 좋습니다. 저학년은 요점만 읽어 주어야 집중력이 흐트러지지 않습니다.

이야기 나누기

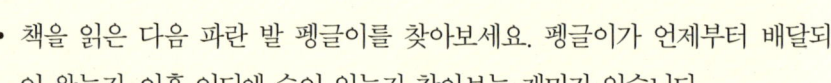

- 책을 읽은 다음 파란 발 펭글이를 찾아보세요. 펭글이가 언제부터 배달되어 왔는지, 이후 어디에 숨어 있는지 찾아보는 재미가 있습니다.

활동 1 : 다양한 형태로 책 만들기

- 저학년일 경우 작은 책을 접어 교사가 준비한 지우개 스탬프로 찍으면서 짧게 이야기를 만듭니다.
- 조각도를 사용할 수 있는 연령이라면 직접 스탬프를 만드는 것도 좋습니다.
- 중학년 이상은 책 접기를 응용하여 전시도 할 수 있고 보관하여 두고두고 볼 수 있는 책을 만들 수 있습니다.
- 장면 하나를 모둠별로 골라 꾸며 봅니다.

- 중학년 이상이라면 참고가 되는 관련 그림책들을 더 읽는 것도 좋습니다.
- 다양한 포즈의 펭귄들을 스탬프로 만들어 A4지로 한 장 책을 만든 후 스탬프로 찍으면서 이야기를 만들어 보세요.
- 간단한 팝업 카드를 환경 캠페인 글과 함께 만드는 활동도 할 수 있습니다.

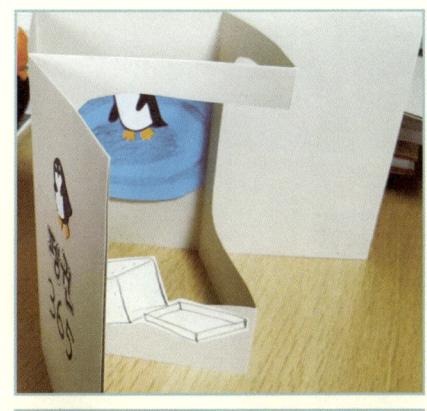

활동 2: 여러 가지 재료로 펭귄 만들기

- 간단한 활동지로 나만의 펭귄을 만들어 볼 수 있습니다.
- 펭귄 몸통 본을 만들어 나눠 주고 검은 색상지에 대고 따라 그려 몸통을 만듭니다.
- 펭귄 배와 눈이 프린트된 종이를 오려서 펭귄 몸통에 붙이면 완성입니다. 이때 네 개 정도 형태가 다른 펭귄본과 배 모양을 나눠 주는데 섞이지 않도록 번호를 붙입니다.
- 펭귄 발은 주황색 색상지를 나눠 주고 각자 그려서 오려 붙이게 합니다. 모두 다른 형태의 발로 만들면 재미있게 표현할 수 있습니다.
- 완성한 펭귄에게 책에 나오는 가족들이 했듯이 이름을 붙여 줍니다.

- 저학년은 종이 펭귄을 만들고 바느질이 가능한 고학년은 입지 않는 검은 옷으로 펭귄 인형을 만들어 보세요.
- 표지의 펭귄을 복사해서 조금만 다듬으면 멋진 본이 됩니다. 발과 배는 부드러운 펠트지를 이용하면 좋습니다.

펭귄 발은 꼭 주황색이 아니어도 됩니다. 펭글이처럼 파란색 발을 만들어도 좋습니다. 리본이나 모자, 안경을 만들어 개성 있는 펭귄을 만들어 보세요.

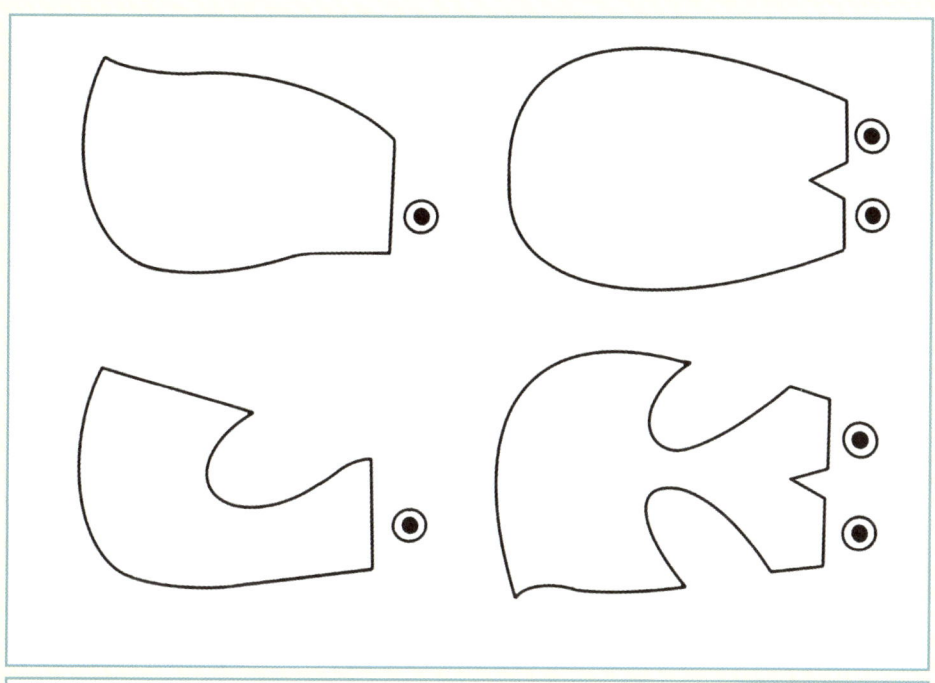

9월

곡식과 수확의 기쁨,
　　가족과 함께하는 추석

"추석이 가까워졌습니다. 벼가 익었습니다. 밤도 익었습니다.

감이 익어 갑니다. 즐거운 추석이 옵니다."

어린 시절에 교과서에서 보고 외운 이 문장은 아직도 추석이 가까우면 줄줄 나옵니다.

추석은 설과 함께 우리나라의 가장 큰 명절입니다. 연휴가 시작되면

사람들은 고향으로 가서 가족들과 둘러앉아 시간을 보내지요.

게다가 추석은 한해 농사로 일군 수확물을 거두는 시기라 어느 때보다 풍요롭습니다.

추석은 무엇보다 햇것들을 수확하는 기쁨과 그것을 친족들과 함께 모여

조상님께 감사의 뜻으로 올린다는 점에서 의미가 있지요.

햅쌀로 지은 밥과 나물에 토란 탕, 새콤달콤한 사과와 첫맛은 떫지만

달달한 감을 먹던 기억을 떠올리며 곡식과 추석에 관한 책을 소개합니다.

우리 곡식과 종자 이야기

오늘날 우리의 식문화는 많이 달라졌습니다. 밥 대신 빵이나 면을 먹는 사람들도 많지요. 그럼에도 여전히 우리의 주식은 쌀입니다. 그런데 우리가 먹고 있는 벼 품종이 대부분 더 이상 우리 것이 아니라는 사실을 알고 있나요? 1997년을 전후로 많은 우리나라 종자회사를 외국 회사들이 샀다고 합니다. 그러므로 우리 곡식에 대한 여러 그림책을 읽기 전에 선생님들은 품종 문제를 본격적으로 다룬 책 『종자, 세계를 지배하다』(시대의창)를 꼭 읽길 권합니다. 이 책에는 아시아권 시장을 노리고 오랜 시간 벼의 품종을 개량해 온 기업들에 대한 설명이 있습니다. 그들은 씨앗에서 배아를 파괴하는 유전자를 만들거나 자기 회사 비료를 써야만 발아가 가능한 기술들로 종자들을 개량해 왔습니다. 수확한 벼를 다음 해에 종자로 쓰지 못한다는 사실은 이미 현실이 되어 있습니다. 쌀뿐 아니라 다른 농작물들도 마찬가지입니다. 가을에 거둔 열매에서 씨앗을 받아 잘 말려 보관해 두고 다음 해 봄에 다시 심고 기르던 수천 년을 이어 오던 농경사회의 근간은 벌써 무너졌습니다. 이런 때에 우리 곡식과 종자를 다룬 그림책 『내가 좋아하는 곡식』과 『우리가 꼭 지켜야 할 벼』, 『여우와 토종씨의 행방불명』을 읽으면 좋습니다.

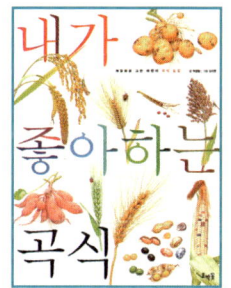

『내가 좋아하는 곡식』
이성실 지음 | 김시영 그림 |
호박꽃

『여우와 토종씨의 행방불명』
박경화 지음 | 박순구 그림 |
양철북

『우리가 꼭 지켜야 할 벼』
노정임 지음 | 안경자 그림 | 철수
와영희

『내가 좋아하는 곡식』에는 우리가 늘 먹어 왔던 곡식들의 유래와 특성, 주 생산지 등이 그림과 함께 나와 있습니다. 나라별로 어떤 곡물을 주식으로 하는지, 또한 이미 알고 있던 곡물의 쓰임새와는 다른 생소한 용도에 대한 설명도 있습니다. 이해하기 쉬운 말과 문장, 사실적으로 그린 그림은 아시사기하고 친절합니다.

앞서 종자 소유권에 관한 이야기를 잠깐 했는데요, 토종 벼의 종자는 1500개나 있었고 그 벼들로 지은 밥맛은 다 달랐다고 합니다. 지금은 거의 모든 종자를 매년 사서 쓰게 되었지만 토종을 지키려는 사람들의 노력은 계속되고 있습니다. 『우리가 꼭 지켜야 할 벼』는 벼의 인문학적인 정보와 생태적인 정보를 모두 담고 있어서 벼에 대한 입체적인 정보를 얻을 수 있습니다. 첫 장에는 '밥, 쌀, 벼'가 어떻게 다른지 설명해 주고, 벼의 한살이, 농사법, 논의 동식물, 벼에 대한 문화와 역사, 일노래, 그리고 환경 문제와 식량 문제로까지 이어집니다. '벼'라는 작물 하나를 집중적으로 탐구할 수 있도록 쉽게 풀어 쓴 정보 책입니다.

추석을 대하는 마음

1990년 대 초 한국 그림책 붐이 일기 시작한 때 등장한 작가 이억배의 『솔이의 추석 이야기』는 아직도 추석에 읽기 알맞은 그림책으로 꼽히는 책입니다. 이후 출간된 다른 기획, 다른 작가들의 추석에 관한 책들이 많이 있지만 대체로 추석이라는 명절에 대한 정보를 더 많이 보여 주고 있거든요. 추석을 대하는 우리들 마음은 변함없지만 명절 풍속도 많이 바뀌고 이 책이 출간된 지도 20년이 지났으니 오늘날의 모습을 잘 담은 멋진 그림책도 곧 나올지 모르겠습니다.

『솔이의 추석 이야기』는 시작 부분에서 고향을 찾을 생각에 설레는 마음으로 추석을 기다리고 준비하는 모습을 보여 줍니다. 오랜만에 만난 친척들과의 즐거운 한때와 각종 음식과 풍습들, 자식들 생각에 새벽잠 설치며 준비하는 할머니의 마음도 담겨 있습니다. 속표지의 그림에서부터 마지막 뒤표지 그림까지 추석의 정취를 한껏 보여 줍니다. 그림을 천천히 읽어 가는 것만으로도 많은 이야기를 나눌 수 있어요. 이 책의 빼어난 장점으로 꼽을 수 있는 것은 글이 없는 몇몇 장면들이지요.

속표지를 보면 색동저고리를 정성껏 다림질하고 있는 엄마와 곁에서 지켜보는 솔이가 나누는 이야기가 들리는 듯합니다. 또 새벽같이 고향 가는 버스를 타기 위해 서둘러 나온 사람들이 길게 늘어서 있는 풍경은 들뜬 마음이 느껴지는 장면이지요. 사람들은 어떤 마음으로, 무슨 생각을 하며 버스를 기다리고 있을까요? 명절을 지내고 돌아오는 날 새벽부터 일어난 할머니가 싸 주신 보따리에서 나온 참기름, 단감, 옥수수들에서 들려오는 이야기는 또 무엇일까요? 정감 있는 장면들이 오랫동안 여운을 주는 책입니다.

『솔이의 추석 이야기』
이억배 지음 | 길벗어린이

『내가 좋아하는 곡식』

읽기

- 책을 읽기 전에 하루 세끼 중 밥은 몇 번 먹는지, 밥 대신 먹는 다른 음식들(주로 곡류)은 무엇인지 물어보고 그 음식들의 재료가 무엇인지 자유롭게 이야기 나눕니다.
- 아이들이 이야기하는 음식과 재료들을 하나씩 칠판에 씁니다. 가장 좋아하는 곡식은 무엇인지 물어보고 아이들 이름을 곡류 옆에 함께 써 주는 것도 좋습니다.
- 정보 책인 만큼 실물 화상기를 활용하거나 본문을 미리 스캔하여 화면에 띄워 크게 보여 주는 것도 효과적입니다.
- 곡식 종류가 많이 나오므로 대상에 따라 적당한 지점에서 끊거나 벼, 옥수수, 밀, 감자, 고구마, 콩 등 친숙한 곡류들을 골라서 읽어 주세요.

이야기 나누기

- 우리가 익히 알고 있는 곡류마다 음식 이외의 특별한 용도가 있을 경우 자료 사진들을 미리 준비합니다. 예를 들어 옥수수는 연료나 화장품 재료로 쓰이기도 합니다.
- 저학년일 경우 처음부터 한 가지 곡류를 정해 집중적으로 알아보는 것도 좋습니다.

| 활동 |

- 곡식별로 어떤 용도로 쓰이는지 표로 만들어 적어 봅니다. 표를 만들지 않고 자유롭게 써도 괜찮습니다.
- 교사가 칠판에 써 준 것을 참고로 빈 종이에 곡식 이름을 쓰고 그림을 그리게 합니다.

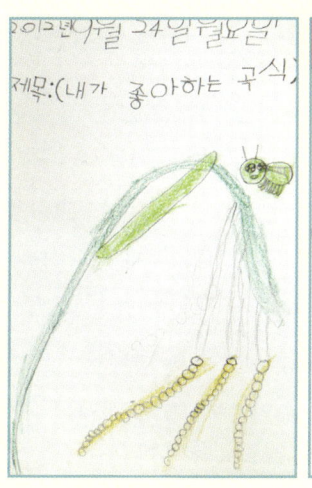

- 중학년 이상이라면 잡지를 미리 준비하여 사진 자료를 오려 붙이는 활동도 가능합니다.
- 사진 자료를 활용할 경우 모둠을 나누어 조금 큰 종이에 그리게 하세요. 이때 제목을 바꾸어도 좋습니다.
- 『우리가 꼭 지켜야 할 벼』를 이어서 읽을 계획이라면 곡식 표 안에 '벼'를 꼭 포함합니다.

『우리가 꼭 지켜야 할 벼』

읽기

- 머리말을 보고 왜 벼를 주제로 책을 썼는지에 대해 미리 이야기해 줍니다.
- 밥은 매일 먹지만 쌀과 벼를 직접 보지 못한 아이들도 많습니다. 밥, 쌀, 벼에 대해 아이들이 얼마나 알고 있는지 미리 질문해 보는 것도 좋습니다.
- 길게 설명하는 부분은 학령에 따라 적당히 줄여서 읽어 주도록 합니다.

이야기 나누기

- 책이 어떻게 구성되어 있는지 아이들과 함께 살펴봅니다. 1부는 그림책 형식으로 벼에 대한 정보를 실었고, 2부는 볏과 식물 21종과 사초과 식물 6종에 대한 설명을 곁들여 도감처럼 되어 있습니다.
- 책의 내용을 충분히 숙지하고 아이들에게 보충 설명을 해 줍니다.
- 벼를 꼭 지켜야 하는 까닭을 아이들이 정확히 알 수 있도록 이끌어 주어야 합니다.

활동

- 책에 나오는 벼를 큰 화면에 띄워 놓고 낟알과 잎의 모양, 줄기를 따라 잎과 낟알들이 나는 자리 등을 관찰하게 합니다. 실제로 벼를 구할 수 있으면 가장 좋습니다.
- 벼를 관찰한 다음 종이에 그려 봅니다. 벼의 구조와 형태를 관찰하며 최대한 자세히 그리도록 합니다.
- 중학년 이상이라면 종자를 보전하는 문제로 확장하여 관련된 책을 읽어도 좋습니다.

9월

『솔이의 추석 이야기』

읽기

- 재미있는 그림 요소가 많기 때문에 꼼꼼히 살펴 읽으세요.
- 명절이 오면 준비해야 할 많은 것들이 그림 속에 표현되어 있으므로 놓치지 말고 살펴보세요.

이야기 나누기

- 책의 판형은 가로로 긴 형태인데 왜 그런지 이야기를 나눕니다.
- 글로 표현되지 않은 것들은 그림만 보고 재미있는 요소를 찾아봅니다. 목욕을 하고 파마를 하고, 선물세트가 즐비한 가게 등 그림으로만 표현한 요소들이 이야깃거리를 풍성하게 합니다.
- 1995년에 나온 책이라는 것을 알려 주고 지금과는 다른 점을 찾아보는 것도 좋습니다. 이발소와 미용실, 목욕탕과 슈퍼는 어떻게 바뀐 이름으로 불리는지, 그리고 지금은 거의 사라져 볼 수 없는 공중전화에 대한 이야기도 해 보세요.

활동

- 추석이나 설날에 귀향했던 경험을 이야기해 봅니다. 책에 나오는 모습에서 비슷한 점과 다른 점을 비교하여 말하게 합니다.
- 다문화 가정의 추석 풍경은 어떤지, 다른 아시아 국가에도 추석과 비슷한 명절이 있는지 발표합니다. 사전에 모둠별로 조사해서 발표하는 형식도 추천합니다.
- '농자천하지대본'을 한자로 쓰고 읽을 수 있는지, 뜻은 무엇인지 한 글자씩

짚어 가면서 알려 줍니다.
- 버스를 타기 위해 길게 줄을 선 장면을 B4, 8절 크기 정도로 확대 복사하여 아이들에게 한 장씩 나누어 줍니다.
- 앞서 줄지어 선 사람들의 마음은 어떨지, 무슨 생각을 하고 있는지, 앞뒤로 선 사람들과는 어떤 이야기를 나누고 있는지 발표한 다음 칠판에 적습니다.
- 적당한 말을 골라 말풍선을 그려 써 넣도록 합니다.
- 중학년 이상 아이들과는 추석의 의미와 유래, 추석에 하는 일들, 다른 나라의 명절 등에 대해 조사하여 발표하는 활동으로 확장해 볼 수 있습니다.

10월

가을 운동회, 친구와 떠나는 소풍

가을이 되면 학교 행사들이 줄지어 있게 마련입니다.

운동회와 현장 학습이 있기도 하고 10월에는 한글날이나 개천절이 있는 달이라

관련 행사도 많지요. 그런 행사와 특별한 날을 전후로 동기 유발이나 행사를

정리하는 내용의 그림책들을 함께 읽으면 좋습니다.

그런데 운동회 관련 그림책은 생각보다 많지 않습니다.

여러 가지 이야깃거리가 많은 행사인데도 말이죠. 학교에 따라서는

운동회와 학예회를 격년으로 번갈아 진행하는 경우도 있었어요.

많은 아이들과 학부모가 모이는 건 큰 행사이니 한 해에 둘 다 치르려면 힘이 들겠죠.

10월에 볼 만한 운동회와 소풍에 관한 그림책을 몇 권 골라 보았어요.

예전에는 현장 학습 대신 소풍이라는 표현을 썼어요.

도시락을 싸들고 소풍을 간 추억은 부모님 세대에게는 많이 남아 있을 거예요.

'가을' 하면 운동회

『가을 운동회』
임광희 지음 | 사계절

『곤충들의 운동회』
도쿠다 유키히사 지음 | 구스미 다쿠야 그림 | 김숙 옮김 | 비비아이들

임광희 작가의 『가을 운동회』는 어느 작은 동네의 초등학교 운동회 풍경을 잘 재현해 놓았습니다. 주인공 이름은 '봄이'와 '여름이'이지만 누가 봄이인지 여름이인지 알려 주진 않으니 책을 보면서 궁금해 하고 찾으면서 읽게 됩니다.

모자 뺏기, 공굴리기, 줄넘기, 박 터뜨리기 등 여러 운동회 종목마다 아이들이 공감하면서 볼 수 있게 구성했어요. 운동회 전에는 운동회에서 선보일 춤을 다같이 연습하니 이 책은 운동회 전후로 다 읽을 수 있어요. 아기자기 세심한 그림이 정다운 운동회 풍경을 더 재미나게 만들어 주지요. 게다가 와, 영차 하는 함성 소리가 계속 등장해 귓가에 맴돌게 합니다. 생생한 소리를 잘 살려 읽으면 좋습니다.

『곤충들의 운동회』는 배경을 숲속으로 옮겨 다양한 곤충들이 벌이는 운동회를 그려 놓은 책이에요. 철써기, 여치, 귀뚜라미, 매미, 폭탄먼지벌레, 땅강아지, 공벌레 등 숲에서 만날 수 있는 곤충들을 알아보고 익살스러운 그림 속 곤충들의 즐거운 운동회를 통해 또 다른 운동회 풍경을 엿볼 수 있습니다.

소풍에서 생긴 일

『개미들의 소풍』이나 『구리와 구라의 소풍』은 소풍 자체보다 함께 어울려 어떤 일을 할 때, 조금 다른 행동을 보이는 친구들을 이해하거나 곤경에 처한 친구를 도우며 즐거운 시간을 만들어 간다는 의미가 있는 책들이에요.

『개미들의 소풍』
기시다 에리코 지음 | 후루야 카즈호 그림 | 고광미 옮김 | 한림출판사

『개미들의 소풍』은 친구들과 달리 혼자서만 엉뚱한 행동을 하는 친구를 어떻게 받아들이는지 공감할 수 있는 그림책입니다. 단체 행동을 해야 할 때 계속 튀는 친구가 있다고 생각해 보세요. 사사건건 자꾸 문제를 일으키는 거죠. 그럴 때 대부분의 인솔자나 아이들은 짜증이 나게 마련이죠. 그런데 이상하게도 이 개미 친구들과 아저씨는 그냥 이해하고 넘어갑니다. 그저 호기심 많고 엉뚱한 것으로 여기지요. 문제를 일으키는 친구를 비난하고 야단치면서 하루의 행사를 망치지 않는다는 점에서 인상 깊은 이야기입니다.

『구리와 구라의 소풍』
나카가와 리에코 지음 | 고광미 옮김 | 한림출판사

『구리와 구라의 소풍』에서는 구리와 구라가 숲으로 소풍을 떠납니다. 배낭이 조금 무겁지만 참을 수 있는 건 맛있는 도시락을 먹을 생각 때문이지요. 구리와 구라는 점심시간이 되기를 기다리며 체조도 하고 달리기도 하다가 실에 걸려 넘어져요. 실을 따라 숲속 깊이 들어가니 작은 집이 나오는데, 실은 곰돌이의 옷에서 풀려나온 것이었어요. 구리와 구라 시리즈는 내용도 재미있고 많은 아이들이 좋아하는 그림책입니다.

구리와 구라가 구령을 붙이듯 '구리구라 구리구라' 하는 부분이 반복적으로 나오니 리듬을 타며 읽으면 좋습니다.

곰이 부르는 노래도 미리 리듬을 타듯 읽는 연습을 하면 좋아요.

　그리고 표지를 보며 누가 구리이고 구라인지 이야기 해 보세요. 제목 글씨 색깔과 구리 구라의 옷 색깔을 비교해 보면 됩니다. 이 책은 구리와 구라의 일상을 들려주는 이야기이므로 가장 마음에 드는 한 장면은 무엇인지 그려 보는 활동을 하고 아이들의 생각을 들어 보세요. 저학년 아이들에게 적당한 책이에요.

 그림책 심화 수업

『가을 운동회』

읽기

- 책을 읽기 전에 운동회에 대한 여러 가지 정보들을 이야기하고 칠판에 적으면서 읽어 주세요.
- 글은 많지 않으니 그림을 통해 공감할 수 있게 큰 화면으로 보여 주면서 읽으면 더 좋습니다.

이야기 나누기

- 표지부터 운동회와 관련한 다양한 풍경들을 아이들과 이야기 나누며 짚어 주세요. 책을 읽기 전 칠판에 적은 운동회와 관련한 이야기들이 그림에 잘 표현되었는지 살펴보세요.
- 봄이와 여름이는 누구였는지, 청군인지 백군인지 확인하며 장면을 살펴봅니다.
- 운동회를 기다리는 마음과 운동회에 대한 기억을 되새기면서 좋았던 점과 좋지 않았던 일에 대해 이야기를 나눠 보세요.
- 편을 나누어 이기고 지는 것에 대한 느낌을 나누세요. 정당한 승부를 펼치고 깔끔히 패배를 인정하며 승자에게는 축하를 보내는 일의 감상을 이야기합니다.

활동

- 운동회 때 찍은 사진을 가져오도록 합니다.
- 아이들이 가져온 사진 중 그림책 속 운동회 장면과 비슷한 사진을 골라 프린트하여 함께 전시해 보세요.
- 그림책과 실제 운동회를 비교하며 느낀 점을 쓰고 발표해 보세요.

『곤충들의 운동회』

읽기

- 다양한 곤충들이 등장하기 때문에 각 곤충들의 특징을 살려 목소리를 다르게 읽어 주세요.

이야기 나누기

- 표지 속 한 방향으로 달려가는 여러 곤충들의 모습을 보면서 느낌을 이야기해 보세요.
- 곤충들이 머리에 두른 띠를 비교해 보거나 어떤 곤충인지 맞춰 보는 것도 좋습니다.
- 면지에 나온 곤충들의 이름을 알아보세요.
- 곤충들의 운동회와 학교 운동회가 어떻게 다른지 이야기해 보세요.
- 곤충들의 경기 종목은 어떤 것이 있는지 써 보세요.

> **활동**

- 면지의 곤충들을 살펴보고 이름을 써 보세요. 중학년 아이들과는 곤충 도감을 찾아 같은 곤충의 사진과 비교해 보아도 좋아요.
- 면지의 곤충들을 확대하여 곤충 하나를 한 장의 종이에 프린트하여 여러 장 준비합니다. 아이들이 원하는 곤충을 골라 이름과 특징을 알아보고 쓴 다음 색칠하거나 꾸미도록 합니다.
- 예쁘게 색칠한 곤충들을 친구들과 함께 보면서 감상을 나누세요.

『개미들의 소풍』

읽기

- 내용이 많고 글도 긴 편이라 미리 두세 번 읽어 두는 것이 좋습니다.
- 아이들이 지루해질 때쯤 등장하는 호통 소리를 실감나게 표현해서 읽어 줍니다.

이야기 나누기

- 한 줄로 나란히 걷는 개미들 중 다른 행동을 하는 개미가 있다는 것을 관찰하게 합니다.
- 배경 그림을 보고 계절을 추측해 보세요.
- 소풍을 가서 어떤 놀이를 하며 시간을 보내는지 알아보세요.
- 다른 행동을 하는 고로우를 아이들이 발견한다면 인솔자인 개미 아저씨와 친구들이 고로우를 어떻게 대하는지 질문합니다.

활동

- 2학년 이상은 책에 나오는 의성어, 의태어를 받아쓰는 연습을 합니다.
- 개미들이 고로우를 받아들이는 모습에 대해 느낀 점을 이야기해 보세요.

11월

인간관계, 서로의 입장을 이해하기

11월은 가을 현장 학습도, 운동회도 끝나고 슬슬 1년을 마무리할 준비를 해야 하는 달입니다. 이즈음에 저는 인간관계에 대해 많이 생각하게 됩니다. 어떤 계기로 어색해졌거나 거리가 생긴 관계를 새로 정의해 보는 시간이 필요하지요. 이번에 소개할 책은 누구나 알고 있는 '아기 돼지 삼형제 이야기'입니다. 하지만 내용은 제각각 다릅니다. 늑대의 입장에서 쓴 이야기도 있고, 아기 돼지와 늑대가 책 속에 등장하지만 본래 내용과 다른 새로운 이야기들도 있습니다. 늑대 입장에서 쓴 아기 돼지 삼형제 이야기는 서로의 입장을 생각해 볼 수 있는 책입니다. 어떤 상황을 각기 다른 사람의 입장에서 바라보고 진실을 가려내는 과정은 꼭 필요합니다. 책을 통해 아이들 스스로 깨우칠 수 있다면 더할 나위 없을 것입니다. 이런 그림책을 통해 아이들은 상대의 입장이 되어 보며 친구를 더욱 잘 이해하게 될 거예요.

새롭게 재탄생한 옛이야기

『아기 돼지 삼형제』는 유럽에 구전되던 이야기가 기록되고 책으로 나온 후 지금까지 다양한 장르로 재탄생해 왔습니다. 그런데 1996년, 자기는 누명을 쓴 것뿐이라고 주장하는 늑대를 등장시킨 새로운 이야기가 나옵니다. 바로 존 셰스카가 글을 쓰고 레인 스미스가 그림을 그린 『늑대가 들려주는 아기돼지 삼형제 이야기』이지요. 늑대의 입장에서 사건을 바라보는 내용으로 무척 흥미롭습니다. 이 책을 읽어 주는 동안 아이들은 지금껏 알고 있던 진실에 대해 의심하게 되지요. 아기 돼지 삼형제의 이야기만이 아니라 나쁘게만 묘사되었던 또 다른 캐릭터인 늑대의 발언권에 관심을 갖게 되는 것입니다.

『늑대가 들려주는 아기돼지 삼형제 이야기』
존 셰스카 지음 | 레인 스미스 그림
| 황의방 옮김 | 보림

헬렌 옥슨버리가 그려 낸 『아기 늑대 세 마리와 못된 돼지』는 그야말로 패러디입니다. 주인공들의 역할을 완전히 뒤바꾼 것이에요. 배경도 현대로 옮겨 그림 속 요소들에서 현대적인 느낌이 물씬 납니다. 공감할 수 있는 여지가 많지요. 이야기는 선과 악의 역할을 하는 주체를 뒤바꾸면서 대립 구도가 아니라 화해로 끝납니다. 꽃으로 집을 짓는 늑대라니! 나쁜 마음을 먹었던 돼지라도 꽃향기가 나는 집 앞에선 망설이게 됩니다. 아기 늑대들은 자기들이 살 집을 함께 힘을 모아 만들어 가지요.

『아기 늑대 세 마리와 못된 돼지』
유진 트리비자스 지음 | 헬렌 옥슨버리 그림 | 김경미 옮김 | 시공주니어

11월 147

『아기돼지 세 자매』
프레데릭 스테르 지음 | 최윤정 옮김 | 파랑새어린이

이처럼 패러디한 책은 아이들과 나눌 수 있는 이야기도 풍성합니다. 순하고 착한 얼굴을 한 아기 늑대와 심술궂은 표정의 돼지를 보는 재미도 있습니다.

『아기돼지 세 자매』는 늑대가 돼지 가면을 쓰고, 돼지는 늑대 가면을 쓰면서 역할이 완전히 바뀌는 이야기입니다. 사실 속셈, 내면은 달랐지만요. 형제들의 이야기가 아니라 자매들의 이야기라 더욱 신선합니다. 영리한 돼지 세 자매의 활약이 돋보이는 이 책은 자유 토론 형식으로 고학년 아이들과 이야기 나누면 좋습니다.

경계를 허문 독특한 상상력

『아기돼지 세 마리』
데이비드 위즈너 지음 | 이옥용 옮김 | 마루벌

데이비드 위즈너의 『아기돼지 세 마리』는 시공간을 뛰어넘는 새로운 이야기 형태입니다. 늑대의 입김으로 책 밖으로 날아가 버리는 돼지들의 모습은 평면의 책을 입체적으로 만들어 줍니다. 책의 안과 밖의 경계를 허물고 함께 등장하는 여러 다른 이야기 속 주인공들 모습도 독특한 상상력에 실려 색다르게 보입니다.

잘 보여 주는 것이 중요한 책이므로 큰 화면을 준비하거나 가까이에서 보여 주면 더 효과적입니다. 어떤 이야기 속 주인공들이 조연으로 등장하는지도 살펴보세요. 그리고 함께 보면 좋은 재미있는 영상이 있습니다. 2012년 영국 가디언 지에서 발표한 오픈 저널리즘에 관한 60초 분량의 광고가 눈길을 끌었습니다. 이 광고는 '아기 돼지 삼형제'를 모티브로 하고 있었습니다. 인터넷과 SNS를 통해 들어온 시민들의 제보와 사방에 달려 있는 CCTV 영상들을 종합한 것이 진실을 규명하는 데 큰 역할을 하게 된다는 내용이었어요. 광고의 메시지도 좋았지만 익숙한 이야기가 새로운 장르로 태어난 것을 보며 색다른 감각을 익힐 수 있었어요. 책을 읽고 난 뒤 마지막에 광고 영상을 보면서 마무리하세요. 청소년들의 경우 광고 영상을 먼저 보고 책 읽기를 시작하는 것도 재미있을 거예요.

그림책 심화 수업

『늑대가 들려주는 아기돼지 삼형제 이야기』

읽기

- 이미 알고 있는 아기 돼지 이야기를 짧게 요약하여 발표하고 시작합니다.
- 표지부터 천천히 살펴봅니다. 신문 기사를 스크랩한 듯 보이는 표지가 사실 감에 무게를 실어 줍니다.
- 영문 제목과 저자 이름도 알려 주고 이야기를 나눕니다.
- 억울한 늑대의 심정에 공감하듯 감정을 실어서 읽어 주세요.
- 뒤표지에는 보도 기사들 사이로 범죄현장(The scenes of the crimes)이란 글과 함께 세 종류의 집이 나와 있습니다. 그림으로 표현된 여러 가지 요소들을 꼼꼼히 살펴보세요.

이야기 나누기

- 고학년의 경우 늑대를 믿을 것인지 아기 돼지들을 믿을 것인지 근거를 들어 간단한 토론을 하는 것도 좋습니다.
- 두 모둠으로 편을 나누어 각자의 주장을 칠판에 적고 투표합니다. 결정이 난 뒤에는 두 입장의 대표가 마지막 변론으로 정리합니다.
- 다른 사람 입장이 된다는 것은 어떤 것인지 이야기를 나누어 보세요.
- 한 가지 사건을 여러 입장에서 생각해 본다는 것에 대해 발표해 봅니다.

활동

- 각 입장별로 보도 기사를 작성하여 신문처럼 꾸며 봅니다. A3 용지를 반으로 접어 네 면의 작은 신문으로 만들어 보세요. 1면에서 4면까지 각 면을 어떻게 꾸밀 것인지 의논하여 기사를 준비합니다.

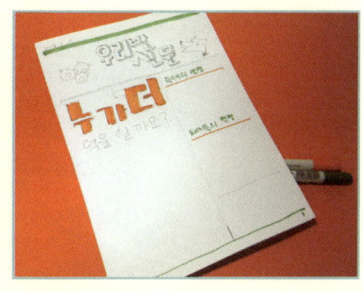

- 손으로 쓸 것인지 컴퓨터를 이용할 것인지를 교실 사정에 따라 정하고 그림을 그리거나 기사를 배치하는 일도 나누어 완성합니다. 손으로 기사를 써 넣을 경우 얇은 복사용 A3지라면 글씨가 뒷면에 비쳐 보이거나 잉크가 베어날 수 있으니 다른 종이에 써서 잘라 붙이는 방법을 이용합니다.
- 각 모둠별로 만든 신문을 들고 발표하고 소감도 한마디씩 합니다.
- 두꺼운 종이를 활용하여 본문 그림과 함께 작은 입체 책을 만들어 보아도 좋습니다.
- 책의 그림을 복사하여 나눠 주면 시간을 절약할 수 있지만 직접 그리거나 써서 만들면 더 좋습니다.
- 친구와 서로의 입장을 생각하지 못해 일어난 오해가 있다면 발표하거나 적어 봅니다.

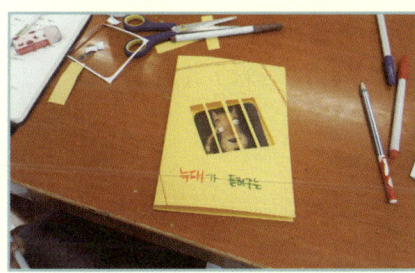

표지에 구멍을 내고 늑대를 붙이면 입체감을 낼 수 있어요.
창살 모양으로 오려 내고 붙이면 감옥에 갇힌 느낌이 들지요.

『아기 늑대 세 마리와 못된 돼지』

읽기

- 앞표지와 뒤표지를 완전히 펼쳐 평화로운 늑대들과 사다리를 타고 올라온 심통 맞은 얼굴의 돼지를 비교해서 살펴보세요. 평화로운 모습으로 점심을 먹고 있는 늑대들의 착한 얼굴이 인상적인 표지입니다.
- 인물의 특징에 맞는 목소리로 읽어 주되 너무 과장되지 않도록 합니다.

이야기 나누기

- 책을 읽고 자신의 생각을 자유 토론 형식으로 말합니다.

활동

- 한 집에서 같이 살게 된 돼지와 세 마리 늑대들의 운명은 어떻게 될 것인지 책의 뒷이야기를 상상해 보고 글로 써 보세요.
- 저학년 아이들의 경우 발표 내용을 칠판에 적고 그것을 활동지에 쓰도록 합니다.
- 완전히 뒤집힌 이야기 속에서 직접 등장인물들이 되어 어떻게 살아갈 것인지 생각해 보세요.

12월

겨울 방학의 시작,
추운 겨울과 크리스마스

12월은 한 해의 마지막 달이면서 겨울 방학이 시작되는 달입니다.
또한 12월 25일은 크리스마스이지요. 추운 날씨에 움츠러들기 쉬운 겨울은
책 읽기에는 더할 나위 없는 계절입니다. 햇살이 내리쬐는 따뜻한
도서관에서 재미있는 책을 읽어 보는 것은 어떨까요?
어른들과 달리 아이들은 한 살 더 자라는 것에 큰 의미를 둡니다.
한층 어른에 가까워졌다고 생각하게 되는 것이지요. 그때 나이를 먹는다는 의미를
알려 주는 『부엉이와 보름달』을 읽어 주면 좋습니다. 그리고 밖으로 나가서
추운 계절을 느낄 수 있도록 그림책으로 유도해도 좋습니다.
겨울에도 볼 수 있는 많은 열매들을 찾으며 자연스럽게 활동을 할 수 있거든요.
또한 종교에 상관없이 저마다 소박하고 아기자기하게 맞이하는
크리스마스에 대한 그림책들을 읽으면 미리 크리스마스 분위기를 느끼며
즐겁게 한 해를 마무리할 수 있을 거예요.

겨울에 대해 이해하기

『부엉이와 보름달』
제인 욜런 지음 | 존 쇤헤르 그림
| 박향주 옮김 | 시공주니어

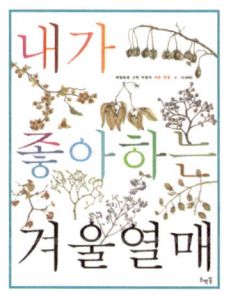

『내가 좋아하는 겨울열매』
공혜진 지음 | 호박꽃

『부엉이와 보름달』은 한 해를 꽉 채워 한 살 더 자란다는 의미를 되새길 만한 책입니다. 보름달이 뜬 추운 겨울밤 아버지와 딸은 부엉이를 보기 위해 컴컴한 숲을 함께 걸어가지요. 성장을 위한 통과의례를 시적인 글과 함께 즐길 수 있어요. 장면 연출과 표현 방식도 매우 아름다운 책이므로 천천히 감상하며 이야기를 나눌 수 있습니다. 중학년 이상의 아이들부터 청소년까지 다양한 연령이 함께 즐길 수 있는 책입니다.

『내가 좋아하는 겨울열매』를 보면, 대개 겨울이면 아무것도 남아 있지 않다고 생각하지만 실은 그렇지 않다는 것을 알게 됩니다. 펼친 두 면이나 한쪽 면에 식물에 대한 간단한 정보와 따뜻하고 세밀한 그림이 함께 있어서 관찰일지와 같은 형식의 책입니다. 주로 겨울 열매가 사는 곳, 관찰할 때 주의점 등을 설명해 줍니다.

식물 그 자체로도 소중하지만 말라 버린 형태가 색다른 모습으로 보일 때가 있다는 점이 눈을 떼지 못하게 합니다. 자신이 살고 있는 집 뒷산은 물론 바닷가에 앉아서도, 길을 가다 만나는 모든 것에도 관심과 관찰의 끈을 놓치지 않는 작가의 세심함이 놀라운 책이에요. 아이들과 주변 나무나 풀이 있는 장소로 나가 관찰하고 기록하는

『겨울을 만났어요』
이미애 지음 | 이종미 그림 | 보림

활동을 함께 하면 좋습니다.

『겨울을 만났어요』는 춥다고 집 안에만 있을 것이 아니라 겨울을 만나 계절을 확실하게 느끼고 즐기라고 말해 주는 책입니다. 두꺼운 옷을 껴 입은 아이를 따라가다 보면 멋진 겨울의 모습을 만날 수 있답니다.

크리스마스 이야기를 담은 책들

크리스마스에 얽힌 이야기는 여러 책이 많이 나와 있습니다. 우선 안데르센의 단편에 그림을 더해 만든 『작은 전나무』가 있습니다. 숲속의 작은 전나무가 얼른 베어져 숲을 떠나기를 바라지만 부잣집 크리스마스 트리가 되고 깜깜한 방에 버려지며 숲을 그리워한다는 내용입니다. 크리스마스가 오기 전에 교실 분위기를 경쾌하게 만들어 줄 활동을 염두에 둔 책이에요.

『작은 전나무』
한스 크리스티안 안데르센 지음 | 마르크 부타방 그림 | 이상헌 옮김 | 큰북작은북

『커다란 크리스마스트리가 있었는데』는 크고 웅장한 전나무 하나가 온 마을, 온 숲속에 사는 모든 이들에게 꼭 알맞은 크리스마스트리가 되어 준다는 이야기입니다.

『마르게리트 할머니의 크리스마스』는 그림도 글도 아름다운 책입니다. 세월이 흘러 주변 사람들이 거의 세상을 떠나 혼자가 되어 버린 마르게리트 할머니는 죽음과 맞닥뜨릴까 두려워 바깥으로 나가는 것도 꺼립니다. 기억도 흐려지고 자신을 믿을 수도 없어 집 안에서 하루하루를 보내고 있었어요. 그러다 크리스마스 전날 밤의 사건으로 인해 자신이 진짜 두려워했던 것이 무엇인지 깨닫습니다. 할

『커다란 크리스마스트리가 있었는데』
로버트 배리 지음 |
김영진 옮김 | 길벗어린이

『마르게리트 할머니의 크리스마스』
인디아 데자르댕 지음 |
파스칼 블랑셰 그림 |
이정주 옮김 | 시공주니어

『뜻밖의 선물』
에바 헬러 지음 | 미하엘 소바 그림 | 조원규 옮김 | 비룡소

머니는 집 밖으로 나가 남을 돕는 일을 망설이지 않지요.

노인 스스로 고독하게 살려는 선택을 하는 모습을 고집스럽거나 가여운 것으로 단정 지을 필요는 없습니다. 노년의 삶을 어떻게 받아들일 것인가 미리 고민할 필요도 없지요. 하지만 관심을 기울여 지켜보아야 할 이유는 있습니다. 우리 모두에게 어김없이 다가올 시기이기 때문이에요.

『뜻밖의 선물』은 고학년 아이들이 좋아할 만한 이야기입니다. 산타할아버지는 선물 배달을 끝내고 집으로 돌아오지만 주머니 속에 인형 하나가 남아 있는 것을 알게 됩니다. 이 책은 선물의 주인이 누구인지 찾으러 다니는 과정에서 벌어지는 이야기예요. 시간을 길게 잡고 토론할 수 있도록 이끌어 주면 깊은 감상과 많은 이야기가 나올 수 있습니다. 그림도 환상적이어서 기법이나 연출 방식에 대한 이야기도 풍성하게 나눌 수 있습니다.

『부엉이와 보름달』

읽기

- 달에 대한 감상이나 달을 바라보고 관찰한 경험이 있는지, 모양이 바뀌는 달을 보며 어떤 생각이 드는지 먼저 이야기합니다.
- 영어 원서와 함께 비교해서 보면 책의 특징이 더 두드러집니다.
- 책을 완전히 펼쳐 앞뒤 표지가 이어진 장면을 감상할 수 있게 하세요. 이때 'MOON'이란 단어에서 두 개의 알파벳 'O'를 보고 부엉이의 눈이 연상되는지 이야기를 나눕니다.
- 글이 많은 편이라 미리 여러 번 충분히 읽어 봅니다.
- 그림을 천천히 감상할 수 있도록 너무 빠르지 않게 또박또박 읽어 주세요.

이야기 나누기

- 원서 제목과 번역된 제목의 차이에 대해서도 이야기합니다.
- 수채화로 그린 풍경을 잘 살펴보고 어떤 장점이 있는지 장면 연출은 어떤지에 대해서 이야기를 나눕니다.
- 눈이 내린 어느 겨울날 보름달이 뜬 밤에, 태어나 처음 부엉이를 만나러 가는 기분은 어떨지 생각하면서 감상하도록 안내합니다.
- 부엉이와 눈이 마주쳤을 때의 기분은 어떨지 상상해 보고 이야기 나누세요.

활동

- 아빠가 처음부터 도와주지 않은 까닭은 무엇일지 생각해 보고 발표합니다.
- 눈 내린 숲을 조용히 걸어가는 모습을 각자 상상하여 말하고 200자 정도 글로 표현해 봅니다.
- 가족 구성원과 단둘이 무언가를 해 본 적이 있는지, 기분은 어땠는지에 대해 발표합니다.
- 고학년의 경우 부엉이를 만나러 가는 것이 아이에게 어떤 의미가 있는지 책의 내용을 기억하며 발표해 봅니다.

『내가 좋아하는 겨울열매』

읽기

- 겨울에 살아 있는 식물에 대해 이야기를 나누고 내용을 칠판에 적어 둡니다. 지역에 따라 생각보다 많은 식물들의 이름이 나올 때가 있어요.
- 식물별로 혹은 차례를 보여 주고 아이들이 읽을 부분을 선택하게 해도 좋습니다.

이야기 나누기

- 겨울 열매로 할 수 있는 놀이를 소개하고 아이들과 함께 해 보세요.

활동 1: 겨울 열매 관찰하고 기록하기

- 아이들과 함께 나갈 장소는 미리 답사해 두는 것이 좋습니다. 잠깐 사이에

열매들이 사라지거나 말라 터져 버리기도 하니까요.
- 사진기, 기록장, 연필, 장갑과 비닐 봉투 등을 준비합니다.
- 주변에 있는 다양한 열매를 골고루 채집하게 하되 1인당 3종 이하로 제한합니다.
- 적당한 열매를 발견하면 여러 방향에서 사진을 먼저 찍고 봉투에 조심스럽게 담아 공기를 넣어 살짝 묶습니다. 발견한 장소를 수첩에 적고 생김새와 색깔, 특징 등을 적어 두어야 나중에 헛갈리지 않아요.
- 교실로 돌아와 책에 나온 것과 유사한 열매가 있는지 찾아봅니다.
- 봉투를 열어 모양을 대충 그리고 관련 정보들도 기록합니다. 인터넷 검색으로 자신이 관찰한 것 이외에 더 많은 정보를 함께 써도 좋아요.
- 찍어 온 사진과 비교하면서 자세한 생김새를 그립니다.

활동2: 열매로 재미있는 모양 만들기

- 열매마다 모양에서 연상되는 얼굴을 유성 펜을 이용하여 열매에 직접 그려 보세요. 작은 열매에는 가는 펜을 이용해서 그리세요.
- 꼬투리나 이파리가 붙어서 머리카락이나 몸통, 기타 얼굴이 아닌 다른 형태로도 만들 수 있습니다.
- 교실 한쪽에 자리를 마련해 전시합니다.
- 작품 설명과 함께 채집 당시 어려웠던 점을 발표합니다.
- 추운 겨울에 내년 봄을 준비하며 가지 끝에 매달려 있는 열매들을 보았을 때 느낌을 이야기해 봅니다.
- 수업이 끝난 뒤 채집한 열매들은 모아서 원래 있던 자리에 갖다 두거나 가까운 화단이나 흙이 있는 곳에 뿌려 줍니다.

『겨울을 만났어요』

읽기

- 『가을을 만났어요』와 함께 읽으면 더 좋습니다.
- 사계절의 구분이 뚜렷했던 우리나라의 기후가 최근 어떻게 바뀌었는지, 원인은 무엇인지 잠깐 언급해 주세요.
- 겨울이라는 계절이 갖는 장점에 대해 이야기 나눕니다.

이야기 나누기

- 겨울을 친구 삼아 놀고 있는 아이와 겨울의 모습이 어떻게 그려졌는지 자세히 보고 이야기 나눕니다.
- 겨울과 아이가 어디를 다녔고 어떤 놀이를 하였는지 찾아보세요. 그때마다 겨울의 모습이 어떻게 표현되었는지 알아봅니다.
- 어떤 색조를 주로 사용했는지, 앞서 읽은 『부엉이와 보름달』과 비교하여 이야기해 보세요.

활동

- 겨울에 할 수 있는 놀이는 어떤 것이 있는지 생각해 보고 적습니다.
- 가장 재미있었던 놀이를 발표하고 이유도 생각해 봅니다. 이때 인위적인 공간이나 값비싼 장비가 필요한 놀이가 아닌 겨울 산, 겨울 들판, 겨울 숲 등에서 경험했던 놀이 중심으로 이야기할 수 있도록 합니다(연날리기, 얼음낚시, 고드름 칼싸움, 썰매타기 등).
- 겨울 놀이 자료 화면을 준비하여 아이들과 함께 봅니다.

『작은 전나무』, 『커다란 크리스마스트리가 있었는데』

읽기

- 『작은 전나무』는 글이 많으므로 저학년은 교사가 미리 읽고 그림만 보여 주며 축약된 이야기로 들려주는 것도 좋습니다.
- 안데르센에 관한 정보를 알아본 후 읽어 줍니다.
- 『커다란 크리스마스트리가 있었는데』는 한 장면에 작은 그림 여러 개가 있는 경우가 많으므로 크게 확대해서 보여 주면 더 효과적입니다.

이야기 나누기

- 작은 전나무가 자라나는 모습을 잘 보고 숲에서 살 때와 잘려져 크리스마스트리가 되었을 때, 그리고 그 이후에 전나무에게 일어난 일들을 어떻게 표현했는지 살펴보고 이야기 나누세요.
- 『작은 전나무』의 결말에 대해 이야기를 나눕니다. 자기 할 일을 다 하고 한 줌 재가 된 것일 수도 있고, 지금 행복한 순간에 감사하라는 뜻으로 해석될 수도 있으니 아이들이 자유롭게 말할 수 있도록 적절히 이끌어 줍니다.
- 『커다란 크리스마스트리가 있었는데』는 순차적으로 이야기가 흘러가며 결말에 이르는 상황을 눈여겨볼 수 있도록 안내합니다.

활동

- 약간 두꺼운 A4 크기의 흰 종이를 준비해 4등분하여 아이들에게 나누어 줍니다.
- 자기가 생각하는 크리스마스트리를 종이에 그리고 색칠하여 꾸밉니다. 꾸미기에 적당한 소품들은 교사가 미리 준비합니다. 색연필, 사인펜을 주로 사용

하고 반짝이풀이나 별 모양을 준비해도 좋습니다.
- 가위로 트리를 오려서 완성한 다음, 트리 뒷면에 이름을 쓰고 소원을 적어 봅니다.
- 바깥 풍경이 보이는 유리창에 아이들이 만든 종이 트리를 붙입니다.

종이 트리는 줄을 맞추지 않고 엇갈리게 붙이는 것이 좋습니다.
각양각색의 트리가 모여 숲을 이룬 느낌이 들 거예요.

1월

옛이야기의 힘, 사랑받는 이야기의 재미

찬바람이 쌩쌩 부는 1월에는 아무래도 주로 집 안에서 시간을 보내게 됩니다. 책은 재미없다고 생각하며 스마트폰이나 PC로 게임을 즐기는 아이들이 많겠지만 수십, 수백년 동안 사랑받은 책들을 읽다 보면 이야기의 힘과 재미를 알 수 있답니다.

옛이야기를 듣다 보면 정말 실제로 있었던 일인지 아닌지 모호해지기도 합니다. 어디서 많이 들은 것 같기도 하고요. 그건 언제 어디서나 보편적으로 일어날 수 있는 사건을 재구성하여 들려주는 것이 바로 옛이야기이기 때문입니다. 그래서 어느 나라에 관계없이 비슷한 구조를 갖게 되지요. 오랫동안 사랑받은 대표적인 옛이야기를 통해 이야기의 재미를 느끼기 위해 신데렐라, 콩쥐팥쥐, 빨간 모자를 골라 여러 버전으로 나온 책들을 비교하며 읽어 보아요.

다른 내용으로 재해석한 고전

『신데렐라』
샤를 페로 지음 | 로베르토 인노첸티 그림 | 이다희 옮김 | 비룡소

『신데렐라』
가브리엘라 미스트랄 지음 | 베르나르디타 오헤다 그림 | 김정하 옮김 | 풀빛

신데렐라는 민담으로 전해지던 것을 1697년 프랑스 작가 샤를 페로가 동화집 『옛날이야기』에 수록하면서 처음 기록되었다고 전해집니다. 신데렐라 이야기는 오늘날까지 다양한 장르로 재탄생되고 있지요. 셀 수 없이 많은 그림책으로도 출간되었는데 우리나라는 물론 아시아권에 전해 오는 '콩쥐팥쥐' 이야기와도 내용이 유사합니다.

그런데 신데렐라에 관한 책은 유아용 전집류나 애니메이션 그림책으로 스토리를 축약하여 나온 것이 대부분입니다. 원전을 살린 신데렐라 그림책은 많지 않지요.

17세기에 출간된 페로의 원본 그대로를 실었고, 1920년대 런던을 배경으로 한 로베르토 인노첸티의 그림으로 해석한 『신데렐라』는 독특한 분위기와 사실성이 있어 고학년 아이들에게 인기 있는 책입니다. 이와 함께 가브리엘라 미스트랄의 『신데렐라』는 글 작가가 재해석하고 다시 쓴 이야기지만 샤를 페로의 틀을 벗어나지는 않았어요. 이미 우리가 알고 있던 신데렐라 이야기와 같으면서도 다른 느낌입니다. 시를 쓰듯 다시 쓴 옛이야기로 읽는 재미가 있습니다. 이 책은 '생생한 묘사와 독창적인 표현 그리고 반복이 주는 리듬감과 탁월한 비유 등의 넉넉한 시적 효과들을 느낄 수 있다는 것'이 특징이라고 소개하고 있습니다. 게다가 개성 있는 그림과 표지 장정이나 제본도 다른 책들과는 확연히 달라 비교해 볼 만한 책입니다.

　그럼 한국판 신데렐라라고도 할 수 있는 콩쥐팥쥐 그림책은 어떨까요? 콩쥐팥쥐 역시 굉장히 많은 그림책이 나와 있습니다. 우선 원전에 충실하고 사실적인 그림으로 펴낸 권순긍 작가의 『콩쥐팥쥐전』이 있습니다. 이영경 작가는 두 권의 콩쥐팥쥐 이야기를 펴냈는데요, 중국 먀오족의 콩쥐팥쥐 이야기인 『오러와 오도』, 1950년대를 배경으로 그려낸 『콩숙이와 팥숙이』가 있습니다.

『콩쥐팥쥐전』
권순긍 지음 | 김종도 그림 | 장영

『오러와 오도』
이영경 지음 | 길벗어린이

『콩숙이와 팥숙이』
이영경 지음 | 비룡소

『콩쥐 팥쥐』
정현지 그림 | 김중철 엮음 | 웅진주니어

『콩중이 팥중이』
이주혜 지음 | 홍선주 그림 | 시공주니어

『너울너울 신바닥이』
신동흔 지음 | 홍지혜 그림 | 한솔수북

콩쥐팥쥐의 결혼 후일담까지 담은 정현지 작가의 『콩쥐 팥쥐』와 원형에 가까운 판본을 살리고 이야기를 들려주듯 써 낸 『콩중이 팥중이』도 있어요. 2013년 출간된 『너울너울 신바닥이』는 역경을 딛고 주인집 딸과 결혼하는 남자 신데렐라 이야기입니다. 모두 한 자리에 모아 전시하고 비교하며 이야기를 나누기에 좋습니다.

미리 읽어 보고 두 권 혹은 세 권씩 묶어 자유롭게 이야기 나누는 시간을 가져 보세요. 같은 이야기를 이렇게 쓸 수도 있구나, 저렇게 그릴 수도 있구나 하며 이야기 나누면 됩니다.

결말이 다른 빨간 모자

『빨간모자』
그림 형제 지음 | 베르나데트 와츠 그림 | 우순교 옮김 | 시공주니어

빨간 모자 이야기는 프랑스의 샤를 페로가 쓴 것과 독일의 그림 형제가 쓴 것이 대표적입니다. 두 이야기는 결말이 다릅니다. 페로가 쓴 이야기는 전해지는 그대로 늑대에게 잡아먹힌 채 끝나 버리지만, 그림 형제의 이야기는 사냥꾼이 쫓아와 늑대의 배를 가르고 할머니도 빨간 모자도 살아나지요. 그림 형제는 페로의 결말이 너무 끔찍하다고 생각했던 모양입니다. 그림 형제는 『늑대와 일곱 마리 아기 염소』처럼 늑대의 배를 가르고 주인공을 살려 내는 결말을 택했는데, 사실 페로나 그림 형제가 정리하기 이전 빨간 모자 이야기의 결말은 훨씬 끔찍했다고 합니다.

두 가지 결말을 동시에 보여 주는 책도 있는데 바로 『로베르토 인노첸티의 빨간 모자』입니다. 현대판 빨간 모자

『로베르토 인노첸티의
빨간 모자』
에런 프리시 지음 | 로베르토 인노
첸티 그림 | 서애경 옮김 | 사계절

로, 불행한 일이 생기거나 생기지 않거나 두 가지 결론을 다 담고 있어요. 수업을 할 때는 직접 아이들에게 저마다 생각하는 결말을 물어보세요.

　빨간 모자 이야기를 다른 형식으로 써 놓은 책 또한 여러 권이 있습니다. 오리를 빨간 모자로 의인화하고 악어를 늑대에 비유한 『절대로 잡아먹히지 않는 빨간 모자 이야기』, 빨간 모자가 유괴범을 따돌리고 위기를 피하는 『쳇! 어떻게 알았지?』, 그림책은 아니지만 희곡으로 정리해 놓은 『무대로 간 빨간 모자』 등이 있어요.

『빨간모자』
샤를 페로 지음 | 게오르그 할렌슬레벤 그림 | 김주열 옮김 | 샘터사

　그밖에 시를 쓰듯 다시 쓴 빨간 모자와 수학 그림책으로 유명한 안노 미쯔마사의 빨간 모자, 그림 작가의 독특한 개성이 그대로 드러나는 책들이 있습니다. 게다가 엉뚱한 할아버지와 손녀의 대화를 통해 보는 빨간 모자 이야기 『빨간 모자라니까요!』와 최근 국내 작가가 펴낸 오브제를 활용한 기발한 빨간 모자 이야기 『탐정 백봉달, 빨간 모자를 찾아라!』는 원전과 비교하면서 읽으면 재미있습니다. 원전을 살리고 레이저 커팅 기술을 활용한 『빨간 모자』(보림)도 표현 기법을 이야기 나누기에 좋습니다.

　최근 스페인 바르셀로나 도서관에서 성차별적 내용이 담긴 어린이책들을 모두 없애기로 했는데, 빨간 모자도 포함되었다고 해요. 빨간 모자를 읽기 전 관련 내용을 알아보고 성차별과 올바른 성역할에 대해서도 이야기 나누어 보세요.

『절대로 잡아먹히지 않는
빨간 모자 이야기』
마이크 아르텔 지음 |
짐 해리스 그림 | 한강 옮김 |
문학동네어린이

『쳇! 어떻게 알았지?』
심미아 지음 | 느림보

『무대로 간 빨간 모자』
조엘 포므라 지음 | 마르졸렌 르
레이 그림 | 백선희 옮김 | 산하

『빨간모자와 늑대』
그림 형제 지음 |
수잔네 얀젠 그림 |
장순란 옮김 | 마루벌

『빨간 모자』
김미혜 지음 |
요안나 콘세이요 그림 | 비룡소

『빨간 모자』
가브리엘라 미스트랄 지음 |
팔로마 발디비아 그림 |
김정하 옮김 | 풀빛

『빨간 모자라니까요!』
잔니 로다리 지음 |
알렉산드로 산나 그림 |
이현경 옮김 | 문학과지성사

『탐정 백봉달,
빨간 모자를 찾아라!』
정혜윤 지음 | 책읽는곰

『빨간 모자』
그림 형제 지음 | 지빌레 셴커 그
림 | 김서정 옮김 | 보림

『신데렐라』 비교 읽기

읽기

- 원전을 그대로 살린 로베르토 인노첸티의 『신데렐라』를 먼저 읽습니다. 글이 많아 지루할 만하면 화면에 그림을 한 장씩 띄우고 읽어 주세요.
- 가브리엘라 미스트랄의 『신데렐라』는 운율이 살아 있는 글이므로 잘 살려서 리듬을 맞추며 읽어 주세요.

이야기 나누기

- 신데렐라 이야기는 이미 알고 있다고 생각하지만 원본을 읽어 본 아이들은 그리 많지 않아요. 원본에 대한 생각과 이미 알고 있던 내용과 다른 점이 있는지 이야기 나눕니다.
- 17세기 이야기에 19세기 런던 풍경을 그려 낸 것을 보고, 알고 있던 신데렐라 모습과는 어떻게 다른지 이야기 나누고 적어 보세요.
- 두 책이 어떻게 다른지 자유롭게 이야기 나눕니다. 이 때 운율, 리듬과 같은 시어로 쓰인 부분을 지적하는 의견이 나오면 그 정도에서 멈추면 됩니다.
- 노벨상을 받았던 가브리엘라 미스트랄 작가가 어떤 의도로 그렇게 썼을지 아이들의 생각을 들어 보세요.
- 아이들과 눈을 맞추며 운율을 살려 잘 읽어 주면서 구전되어 온 신데렐라가 어떤 특징이 있을지 이야기 나누세요. 말로 전달하기에 좋은 리듬감이나 짧은 문장이었을 것 같다는 대답이 나오도록 힌트를 주어도 좋습니다.

활동

- 두 책은 같은 맥락이지만 다른 이야기 진행을 보여 줍니다. 어떤 차이점이 있는지 이야기 나눠 보세요. 글과 그림 모두 비교해도 좋습니다.
- 책을 읽어 줄 때 기록한 것을 토대로 이상하게 생각되는 것들을 발표하고 각각의 장단점은 무엇인지 의견을 나누세요.
- 콩쥐팥쥐 이야기가 신데렐라와 비슷하다는 것을 알 수 있도록 이끌어 주세요.
- 신데렐라 이야기가 현재까지 수많은 다양한 장르로 재탄생한 이유에 대해 질문해 보세요.
- 아이들이 자유롭게 말하는 이야기를 중심으로 내용을 정리합니다.
- 간단한 느낌 쓰기로 마무리를 합니다. 서평을 쓸 수 있는 학령이면 두 책을 비교하면서 서평을 쓰는 활동도 좋습니다.
- 사전에 가족의 상황이 신데렐라와 비슷한 아이는 없는지 알아보고 상처가 되지 않도록 배려하며 진행하세요.

『콩쥐팥쥐』 비교 읽기

읽기

- 원전을 그대로 살린 권순긍의 『콩쥐팥쥐전』을 먼저 읽습니다. 책 첫머리에는 콩쥐와 팥쥐의 아버지 이름이 나오므로 그런 이야기로 시작하면 더욱 흥미를 끌 수 있습니다. 이제까지 관심을 두지 않았던 콩쥐의 성이 최 씨라고 하면 아이들도 깜짝 놀랄 거예요.
- 두 번째로는 사실적인 그림의 첫 책과는 달리 단순한 선으로 표정이나 동작에 재미를 더한 정현지의 『콩쥐팥쥐』를 읽습니다.

- 두 번째 책에는 결혼한 콩쥐가 세상에 맞서 어떻게 살아가는지에 대한 이야기도 나와 있어 비교하면서 읽기에 좋습니다. 역시 입말체의 운율을 잘 살려서 읽어 주세요.

이야기 나누기

- 콩쥐팥쥐 이야기도 원전에 충실한 책을 읽은 아이들은 별로 없을 거예요. 그러니 꼼꼼히 읽는 것이 중요합니다. 이미 알고 있던 내용과 다른 점은 어떤 것이 있는지 이야기 나눕니다.
- 두 책의 차이점에 대해 글과 그림 모두 비교하며 이야기를 나눕니다.

활동

- 신데렐라 비교 읽기의 활동과 동일하게 진행하세요.

『빨간모자』 비교 읽기

읽기

- 『쳇, 어떻게 알았지?』를 보면 엄마 심부름으로 빨간 모자를 쓰고 할머니 댁으로 과자를 들고 가는 아이의 여정에 여러 동물들이 나옵니다. 동물의 특징을 살려 재미있게 읽어 주세요.
- 샤를 페로의 이야기와 그림 형제의 이야기가 다른 점, 『쳇! 어떻게 알았지?』의 다른 이야기 진행 방식을 비교할 수 있도록 강조해서 읽어 주세요.

이야기 나누기

- 어떤 길을 지났는지 순서대로 짚어 봅니다. 만난 동물들은 누구인지, 어떤 이야기에 나오는 주인공인지도 물어봅니다.
- 만나는 동물들의 질문에 빨간 모자가 어떻게 답하는지 되짚어 주세요.
- 생활 속에서 비슷한 사례를 겪은 적이 있는지 이야기를 나눕니다.

활동

- 그림책에 나오는 여러 가지 동작의 빨간 모자와 늑대 그림을 편집해 복사하여 나눠 주세요.
- 극장 책 만들기(215쪽 참고)를 응용하여 극장 모양을 만들어 사진과 같이 붙여 보고 글도 적어 넣도록 합니다.
- 이야기를 나름대로 꾸며도 좋습니다.
- 각자 만든 책을 여러 가지 빨간 모자 책들과 나란히 전시하고 어떤 이야기로 썼는지 발표합니다.

2월

우리나라 도깨비와 여러 나라 옛이야기

1월에 이어 2월에는 우리나라를 비롯한 몇몇 나라의 특징이 잘 드러나는 옛이야기를 살펴보겠습니다. 옛이야기 하면 추운 겨울 밤 따듯한 방 안에서 둘러앉아 할머니가 해 주는 이야기에 귀를 기울이는 모습이 떠오릅니다. 우리나라뿐 아니라 여러 나라마다 오래전부터 지금까지 전해 오는 옛이야기들이 있습니다. 이런 옛이야기들은 시대를 거듭하며 새로운 형식과 내용으로 등장하고 있지요.
우리나라의 대표적인 옛이야기 주인공으로 도깨비가 있어요. 도깨비는 도깨비 감투, 혹부리 영감 등 여러 옛이야기 속에 등장하지요. 그리고 흔히 아는 '커다란 순무' 이야기는 우크라이나의 옛이야기예요. 우크라이나판 『커다란 순무』에는 우크라이나 문화와 예술, 전통이 구석구석 담겨 있답니다. 몽골의 옛 풍경을 보여 주는 『수호의 하얀 말』도 있습니다. 몽골의 악기 마두금이 생기게 된 이야기를 담고 있지요. 각 나라의 특성을 잘 살린 여러 이야기들을 읽으며 추운 겨울 따뜻함을 느껴 보세요.

친구 같은 도깨비 이야기

도깨비의 특성을 살린 옛이야기들은 오래도록 사랑받아 왔습니다. 그림책에 등장한 도깨비들 중 가장 아이답고 이미지도 친근한 책은 『깜박깜박 도깨비』입니다. 권문희 작가의 세심한 연출이 돋보이는 생생한 장면은 이야기에 재미를 더하고 있습니다.

이 책은 부모를 여의고 혼자 어렵게 먹고사는 아이를 도깨비가 친구처럼 부모처럼 돌봐 주는 이야기예요. 도깨비의 건망증 때문에 이야기의 재미가 더욱 커지지요. 이 꼬마 도깨비는 아이에게 꾼 돈을 갚겠다는 약속을 지키느라 도깨비 나라 살림을 탕진해 버릴 정도로 돈과 물건을 가져다줍니다. 아이는 늙어 죽는 순간까지도 약속을 지켜 준 도깨비에게 고마운 마음을 잊지 않죠. 다양한 주제로 읽을 수 있는 책입니다.

『깜박깜박 도깨비』
권문희 지음 | 사계절

몽골과 우크라이나의 옛이야기

『수호의 하얀 말』은 몽골의 전통 악기 마두금의 유래를 알려 주는 이야기입니다. 책 전반에 몽골 평원 이미지가 있어 지역적 특색을 잘 살리고 있지요. 또한 일반적인 그림책과는 다른 독특한 색감과 구도를 느낄 수 있답니다.

생소한 몽골의 지형이나 전통 악기만을 다룬 책이 오

『수호의 하얀 말』
오츠카 유우조 지음 | 아카바 수에키치 그림 | 이영준 옮김 | 한림출판사

『커다란 순무』
헬렌 옥스버리 지음 | 박향주 옮김 | 시공주니어

『커다란 순무』
이반 프랑코 지음 | 아그라프카 아트 스튜디오 그림 | 김경미 옮김 | 비룡소

래도록 사랑 받는 건 이유가 있을 거예요. 이 책은 자연과 더불어 사는 사람들의 태도와 그에 반대되는 제멋대로식 원님의 횡포에서 교훈을 줍니다. 이 책은 일본 작가들이 쓰고 그린 책입니다. 그림 작가인 아카바 수에키치는 15년 동안 중국에서 머물렀던 경험을 살려서 몽골 평원의 이미지를 잘 표현하고 있습니다. 아카바 수에키치는 1980년 한스 안데르센상을 받았지요.

커다란 순무 이야기는 너무 유명해서 우크라이나 옛이야기라는 걸 모르는 사람도 많을 거예요. 커다란 순무를 모두 함께 힘을 모아 뽑는 장면들은 보기만 해도 웃음이 나옵니다. 같은 이야기를 다른 작가가 그려 낸 두 권의 『커다란 순무』를 함께 보면 좋습니다.

한 권은 헬렌 옥슨버리가 그린 것으로 배경이나 인물, 사물들이 비교적 사실적으로 표현되었습니다. 또 다른 한 권은 우크라이나의 젊은 디자이너 그룹인 '아그라프카 아트 스튜디오'가 만든 책입니다. 재기발랄한 그림들이 우크라이나의 분위기를 살리면서도 현대적인 감각으로 이야기를 읽을 수 있게 해 줍니다.

 **그림책 심화 수업**

『깜박깜박 도깨비』

읽기

- 책을 읽기 전 도깨비의 특징을 미리 알아두고 표지를 살펴보세요.
- 도깨비와 아이가 '갚았네 안 갚았네' 실랑이를 벌이는 대목을 반복적으로 연습해서 읽어 주세요.
- 한국화 풍 그림을 감상하면서 천천히 읽어 주세요.

이야기 나누기

- 가장 재미있는 부분을 이야기해 보세요.
- 전 재산 서푼을 고스란히 도깨비에게 빌려주는 아이의 마음에 대해서 이야기 나눈 다음, 빌린 돈을 갚으러 온 도깨비가 찌그러진 냄비와 닳아빠진 방망이를 보고 어떤 마음이었을지 생각해 보고 이야기 나눕니다.

활동

- A4 종이를 한 장씩 나눠 주고 한 장 책 접기를 합니다.
- 본문에 나오는 다양한 표정의 도깨비와 도깨비가 들고 온 돈, 냄비, 방망이 등의 이미지를 편집하여 프린트한 것을 나눠 주고 가로로 오리게 합니다.
- 오려 놓은 그림들을 한 장 책 접기로 만든 작은 책에 순서를 생각하며 차례로 붙입니다. 표지도 꾸미도록 하세요. 원래 이야기를 생각하며 장면마다 적절한 대화나 설명 글을 써 넣으면 완성입니다.

- B4 크기 도화지로 한 장 책 접기를 하여 극장 책을 만들어 보세요. 가운데를 잘라 세워 두고 본문 이미지 편집한 것을 오려서 장면을 입체적으로 꾸며 보세요.
- 결과물을 발표하고 전시합니다.

『수호의 하얀 말』

읽기

- 글이 좀 긴 편이라 미리 여러 번 읽어 두세요.
- 마두금 연주 영상을 미리 찾아 준비합니다.
- 속표지에 있는 마두금 이미지를 찬찬히 살펴볼 수 있도록 합니다.

이야기 나누기

- 책을 읽은 다음 줄거리를 다시 한 번 되짚어 보고 미리 준비해 둔 마두금 연주 영상을 들려주세요.

- 수호와 하얀 말은 처음 어떻게 만났는지, 대회에서는 어떤 일이 있었는지, 약속을 지키지 않은 원님에 대해 어떤 감정이 드는지, 하얀 말이 화살을 맞고 수호에게 돌아와 숨을 거둘 때의 상황에 대해 이야기를 나누세요.
- 슬픔에 잠긴 수호에게 위로의 편지를 써 보세요. 무슨 말을 써야 할지 힘들어 하는 아이들을 위해 여러 의견을 칠판에 짧은 문장으로 적은 다음 편지지에 옮겨 쓰도록 합니다.

활동

- 수호의 하얀 말을 만들기 위해 준비한 그림을 복사하여 나누어 줍니다.
- 수호의 옷과 얼굴, 말안장 등을 색칠하게 합니다. 복사지는 얇아서 힘을 받지 못하므로 좀 두꺼운 마분지나 상자 등을 재활용해서 그림을 오려 풀로 붙입니다.
- 풀이 마른 다음 테두리로부터 2밀리미터 정도 여유를 두고 잘라냅니다. 자를 부분을 연필로 미리 그려 두어도 좋습니다.
- 펀치를 이용해 검은 동그라미 부분을 뚫고 두발 할핀을 이용해 고정합니다. 이때 구멍의 위치를 잘 맞추도록 주의하세요. 말 몸통 부분의 구멍은 서로 겹치게 됩니다.
- 15센티미터 길이의 철사를 준비해 끝부분을 동그랗게 말아 둡니다. 동그란 부분이 손잡이가 됩니다.
- 4~5센티미터 정도 길이의 빨대를 준비해 종이테이프로 말안장 기둥 뒷면에 고정시킵니다.
- 철사를 빨대 속으로 넣어 두 개의 구멍 밖으로 1~2센티미터 나오면 둥글게 말아 고정시키세요.
- 철사 아래쪽을 잡고, 다른 손은 말안장 부분 기둥을 살짝 쥔 뒤 조심스럽게 아래위로 움직이면 하얀 말이 달리기 시작합니다.

186 ······ 그림책 활동 수업

『커다란 순무』 함께 읽기

읽기

- 헬렌 옥슨버리의 책과 우크라이나의 『커다란 순무』는 글이 좀 많은 편입니다. 여러 번 충분히 읽어 둡니다.
- 그림을 잘 볼 수 있도록 천천히 읽어 주세요.

이야기 나누기

- 그림을 어떻게 그렸을지 짐작해 보세요. 한 권은 손으로 그린 그림이고 다른 한 권은 컴퓨터로 그린 그림입니다. 북 디자인도 정말 다르죠. 어떤 것이 더 좋은지 비교해 보고 살펴봅니다.
- 아주 작은 씨앗 하나도 소중히 심고 귀하게 생각하는 농부의 마음에 대해 이야기 나누세요.
- 우크라이나의 지형과 기후, 자연에 순응하며 살아가는 모습에 대해 알아보고 이야기를 나눕니다.

활동

- 모두 힘을 모아 순무를 뽑는 장면을 그려 보세요.
- 그림을 함께 보며 아무도 할아버지를 도우려 하지 않았다면 어떻게 되었을지 이야기해 보세요.

부록

1 _ 인성 지도와 진로 탐색을 위한 그림책
2 _ 『프레드릭』으로 하는 책 한 권 예술제

부록1

인성 지도와 진로 탐색을 위한 그림책

나와 너에 대해서 알기

　학교라는 공간에서 새로운 친구들과 만나고 인간관계를 맺어 가는 아이들에게 가장 중요한 것은 자신이 어떤 존재인지 아는 것일 겁니다. 자신에 대해 잘 알면 앞으로 무엇을 하고 싶은지도 알 수 있고 진로, 직업과도 이어질 수 있기 때문입니다. 책을 통한 변화는 짧은 시간 눈에 띄게 달라지는 모습을 발견할 수 없을지도 모릅니다. 하지만 지속적으로 돌보고 지켜본다면 아주 작은 변화들을 기대할 수 있겠지요.

　요즘은 자존감을 강조하고 있습니다. 자존감은 사신을 존중하고 사랑하는 마음이지요. 자존감이 낮은 아이들이라면 자신이 의미 있는 존재라는 점을 알게 하여 자신감을 갖도록 해 주어야 합니다. 그러기 위해서 일본의 원로 작가들이 아이들에게 보내는 염려와 사랑을 담은 책,『나』,『너』,『기분』을 골랐습니다. 관계와 연대에 있어서는 쉽게 보기 힘든 아프리카 우화『사자와 세 마리 물소』도 놀라운 깨달음을 줄 거예요.

나, 너 모두 같이

같이 시리즈의 『나』는 누군가의 시선으로 볼 때 나라는 존재가 어떤지, 상대적으로 큰지 작은지 등 관계 속의 자아를 생각하게 만드는 책입니다. 초 신타의 그림은 굉장히 간단하면서도 강렬해서 오래 기억에 남는다는 게 장점이랍니다. 따라 그릴 수 있을 것만 같은 단순한 그림이 더 친근하게 느껴지지요. 그림만큼 강렬하면서도 짧은 글은 시인 다니카와 슌타로가 썼습니다. 존재 자체에 대한 반박하기 어려운 성찰이 유아부터 성인까지 설득하고 감동을 줍니다. 같이 시리즈는 『나』, 『너』, 『기분』 세 권으로 구성되어 있습니다. 서로의 존재와 그 의미를 알고 다 같이 함께 좋으려면 어떤 눈으로 상대를 보아야 할지 오래 생각하게 만드는 그림책입니다. 이 시리즈는 가족 이야기나 생명에 관한 이야기를 할 때도 좋아요.

『나』
다니카와 슌타로 지음 |
초 신타 그림 | 엄혜숙 옮김 |
한림출판사

『너』
다니카와 슌타로 지음 |
초 신타 그림 | 엄혜숙 옮김 |
한림출판사

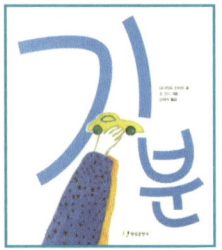

『기분』
다니카와 슌타로 지음 |
초 신타 그림 | 엄혜숙 옮김 |
한림출판사

읽기

- 글이 많지 않으므로 저학년이라면 천천히 두 번 정도 읽어 주세요. 그림을 잘 살피며 읽도록 이끌어야 합니다.
- 『나』를 읽고 『너』를 이어서 읽어도 좋습니다. 『기분』은 마무리할 때 읽으면 좋습니다. 인간관계뿐 아니라 생명을 가진 대상 전체를 존중하고 언제나 상대적으로 생각하도록 제안하는 느낌으로 읽어 주세요.
- 『나』, 『너』 두 권으로 활동을 하고 난 뒤 아이들에게 어떤 변화가 감지되면 『기분』은 굳이 읽지 않아도 무방합니다. 시간이 된다면 마무리 활동하듯이 읽어도 좋아요.

이야기 나누기

- 『나』와 『너』 두 권의 표지를 비교해 보세요. 그림을 보며 어떤 생각이 드는지 자유롭게 이야기합니다. 『나』는 나 한 사람에 관한 이야기라 표지에도 한 명만 등장한다거나 『너』는 두 명의 아이가 나오는 것이 다르다는 걸 발견하도록 이끌어 주세요. 두 사람의 '나'가 만나야 상대적으로 '너'라는 개념이 생기고 그 둘의 '관계'까지 생각하게 된다는 등의 이야기가 나오도록 안내해 주세요.
- 저학년 아이들은 함께 본문을 읽으면서 내용을 종합장에 직접 글로 써 보는 것도 좋습니다. '나 하나와 수많은 너는 우리, 우리는 모두 서로 두우며 살아가', '사람만이 너가 아니야. 나무도 풀도 동물도 물고기도 모두 너'라고 쓰인 페이지는 꼭 함께 소리 내어 읽어 보세요.

활동

- 『나』를 읽은 다음 작가들이 쓰는 방식으로 내 이야기를 써 봅니다. 이미 책

에 나와 있는 '나'에 대한 설명 이외에 아이들 각자가 생각하는 '나'가 있을 테니 다양하게 쓰도록 이끌어 주세요.
- 나를 어떻게 표현했는지 짝이나 모둠 안에서 서로 교환하여 읽어 보며 어떻게 다른지 비교해 보고 발표하도록 합니다.
- 가족에서 시작해 지금 당장 마주한 친구와의 관계를 말하는 '너'에 대해서도 써 봅니다. 짝을 지어 상대에 대한 이야기를 쓰게 하세요.
- 자리를 옮겨 짝을 바꿔 가며 '너'에 대해 쓰는 것도 시도해 보세요.
- 저학년이라면 본문 중 '너의 하나'라는 말의 뜻을 설명해 줄 필요도 있을 거예요. 대상이 사람이라면 '한 사람의 너'라거나 고유한 존재로서 '너'에 대해 충분히 납득할 만한 설명을 해 준다면 관계에 대해 생각하기에 더 수월할 거예요.
- 다양한 색깔의 A4지를 반으로 잘라 아이들이 각각 다른 색 종이를 가질 수 있도록 나누어 주세요. 인원이 너무 많으면 모두 다른 색깔의 종이를 가질 수 없으니 모두 흰 종이를 사용하여도 됩니다.
- 종이에 '나'를 그리도록 하세요. 그리는 재료는 자유롭게 선택합니다. 종이에 그린 '나'를 가위로 오려서 게시판이나 교실 벽 등 한자리에 모아 붙여 전시해도 좋아요. 자연스럽게 '우리'라는 개념을 알 수 있습니다.
- 『기분』은 글이 거의 없는 그림책이에요. 특히 감정, 기분, 느낌 등에 대해 그림으로만 보여 주고 있습니다. 장면마다 느껴지는 여러 가지 기분을 말로 표현하도록 합니다.
- 아이들마다 같은 장면 안에서도 기분을 표현하는 말이 다를 수 있으니 칠판에 적어 두고 이야기를 나눕니다.

모두 다른 친구들

또 다른 책으로 『우린 달라도 좋은 친구』는 말 그대로 서로 달라도 얼마나 재미있고 사이좋게 지낼 수 있는지 보여 주기에 좋습니다. 『큰소리로 하나-둘 하나-둘』은 큰 특징도 없고 특별히 잘하는 것도 없어 보이는 친구가 그들만의 올림픽에서 얼마나 중요한 역할을 하는지 보여 주는 이야기입니다. 누구나 존재 그 자체로 인정받아야 하며 모두가 저마다 각기 다른 자기 몫을 함으로써 서로에게 필요한 존재라는 걸 알려 주지요.

『우린 달라도 좋은 친구』
모랙 후드 지음 | 고영이 옮김 |
사파리

『큰 소리로 하나-둘 하나-둘』
휘도 판헤흐텐 지음 |
최진영 옮김 | 책속물고기

영원히 함께했다면

『사자와 세 마리 물소』는 셋이 함께 힘을 모아 위험한 순간을 극복하고 이겨 낸 물소들이 등장합니다. 보금자리를 찾아가던 도중 어느 초원에서 한 마리 사자를 만나면서 벌어지는 이야기입니다. 사자는 세 마리 물소를 한꺼번에 상대하기 힘들어 꾀를 내고 물소들 사이에서 이간질을 합니다. 믿을 수 없는 일이지만 물소들의 결의는 사자의 입김에 간단히 깨져 버리고 말지요. 같이 있을 땐 사자를 상

『사자와 세 마리 물소』
몽세프 두이브 지음 | 메 앙젤리
그림 | 성미경 옮김 | 분홍고래

대하기가 어렵지 않았으나 혼자 남게 되면 사자 밥이 되어 버릴 건 당연한 이치인데도 물소들은 질투와 욕심에, 혹은 권력에 기대느라 동료를 저버리게 됩니다. 이 책을 3학년 아이들과 함께 읽고 이야기를 나눈 적이 있습니다. 물소들과 사자의 예를 인간관계에 비추어 토론하던 중 아이들 절반 이상이 사자의 편에 서겠다는 선택을 했던 점이 인상적이었습니다. 이 책은 '함께' 혹은 '같이'의 가치에 대해 두고두고 생각하게 만들고 이야깃거리를 던져 줄 것입니다.

읽기

- 글이 적은 편이 아니므로 미리 읽어 두기 바랍니다.
- 성대모사를 심하게 할 필요는 없지만 사자 목소리나 으르렁대는 소리 정도는 조금 흉내 내도 좋습니다.

이야기 나누기

- 그림 표현 방식에 대해 이야기 나눠 보세요. '메 앙젤리'의 판화 기법이 돋보이는 책입니다. 자세히 보면 거친 나무판 질감이 살아 있고 잉크를 찍어 낸 결들이 보입니다. 흰색 종이에 색은 노란색, 검정색 두 가지만 썼어요.
- 판화 기법에 대해 알아보고 판화의 느낌은 어떤지, 이야기와는 어떻게 어울리는지 이야기를 나눕니다. 아프리카 옛이야기라는 정보도 알려 주세요.
- 세 마리 물소의 입장과 사자의 입장을 비교하며 의견을 나누세요. 그러다 보면 최종적으로 끝까지 함께 가는 게 옳았다거나 사자 말을 듣는 게 그래도 오래 산다거나 하는 의견들로 좁혀집니다. 결론을 낼 필요는 없으나 분명한 것은 약자들, 나와 너가 만든 우리가 우정과 약속을 지키며 함께 하

는 것의 가치를 짚어 주어야 합니다.

활동 1: 장면 새롭게 구성하기

- 자신의 생각과 일치하는 문장을 찾는 과정에서 무엇이 바람직한 것인지 생각하게 만들 수 있는 활동이에요.
- 그림책 속 주요 대사나 문장을 편집하여 만든 활동지를 나누어 주세요. 책 속 이미지를 활용하여 A4 크기의 종이를 두 번 접어 카드 모양이 되게 만들어도 좋고 한 장에 문장만 넣어 편집해도 좋습니다.
- 아이들이 공감하는 문장에 동그라미를 그리면서 내용을 점검하도록 하세요.
- 전체 아이들과 함께 문장들을 읽으면서 하나씩 체크하는 것도 좋습니다. 그럴 경우 친구들과 함께 비교하게 되고 왜 그 문장에 공감하는지 서로 이야기 나누게 됩니다.
- 다른 생각을 가진 아이들의 합당한 이유를 들어보는 것도 중요합니다.
- 교사의 생각을 강요하거나 무엇이 맞거나 틀렸다는 것을 말하기보다 아이들이 왜 그렇게 생각하는지 이야기하는 과정이 중요합니다.

활동 2: 한 장 책 만들기

- 한 장 책 접기로 그림책 줄거리를 되새겨 보고 중요한 몇 장면을 기억할 수 있도록 요약된 책을 만들어 보는 활동이에요.
- 그림책 속 주요 장면을 스캔하여 한 장 책 접기에 알맞게 편집한 다음 컬러로 프린트하여 나누어 주세요.
- 한 장 책 접기를 적용하여 작은 책을 만든 후 장면에 맞춰 주요 대사나 내용을 써 봅니다.

- 표지에 제목 자리를 비워 두고 아이들이 생각하는 다른 제목이 있다면 쓰도록 하거나 그냥 원제목을 써도 됩니다.

> 활동 3: 사자와 물소 스탬프 책 만들기

- 스탬프를 활용한 작은 책 만들기 활동입니다.
- 그림책 속 판화 기법처럼 아이들이 직접 스탬프를 찍어서 장면을 구성해 볼 수 있습니다. 그림책 내용을 이해하고 점검하면서 동시에 미술 활동과

도 접목되는 점이 있어 아이들이 좋아하는 활동이에요.
- 교사가 사전에 A4용지로 작은 책을 만들어 크기를 고려하여 물소들과 사자 캐릭터를 스탬프로 만들어 두어야 합니다. 지우개나 조각용 고무덩어리로 직접 조각해도 되고 스탬프 제작업체에 맡길 수도 있습니다. 수업 참여 인원이나 학급 인원(30명)이 많다면 스탬프를 3세트 정도 제작해서 기다리는 시간이 길어지지 않도록 해야 합니다.
- 조각도를 쓸 수 있는 학년이라면 직접 스탬프를 만들어도 좋습니다.
- 노란색 A4 용지를 인원수만큼 준비하고 스탬프 잉크는 검은 색과 흰색을 준비합니다. 스탬프 잉크패드 역시 인원수에 따라 적절히 준비하세요.
- 노란색 종이로 한 장 책 접기를 하여 작은 책을 만들어 둡니다.
- 아이들 각자 기억하는 그림책 줄거리를 떠올리며 스탬프를 어떻게 찍을지 생각하도록 합니다.
- 접어 둔 노란 책에 사자와 물소 스탬프를 적절히 찍은 뒤 장면에 맞는 내용을 쓰게 합니다.
- 제목과 이름, 날짜 등을 쓰고 마무리하여 한동안 교실이나 도서관에 원작 그림책과 함께 전시합니다.

진로와 직업

 삶의 방식이나 태도를 말하는 그림책들은 여러 방향에서 생각해 보아야 합니다. 똑같은 사람이 없듯 각양각색 저마다의 생각이 있을 수 있으니까요. 하지만 막상 진로에 대한 그림책이라고 하면 직업 교육과 별반 다르지 않게 한정되어 버립니다. 흥미나 적성부터 시작하려면 역시 범위가 너무 넓어지는데 문학 혹은 예술이나 과학 등 분야로 정하면 몇몇 그림책이 떠오릅니다.

 행복하고 만족한 삶을 살기 위해서는 무슨 일을 하는가 보다 어떻게 사는지가 중요합니다. 그러한 점에 주목하여 진로와 직업, 가치관 등에 관한 그림책 몇 권을 소개합니다. 건축의 새 역사를 쓴 두 프랭크에 대한 이야기 『꿈꾸는 꼬마 건축가』, 아버지의 아버지를 이어 할아버지가 되도록 책을 고치는 일을 해 온 『나의 를리외르 아저씨』는 한 아이의 일생에 긍정적인 가치를 심어 주죠. 자연과 시간의 이치를 거스르지 않는 삶의 방식을 보여 주는 『알레나의 채소밭』도 흥미롭습니다.

다섯 명의 프랭크

 건축가가 되는 길은 쉽지 않습니다. 『꿈꾸는 꼬마 건축가』를 읽을 때는 아이들에게 '건축'이라는 분야는 인간과 어떤 관계가 있고 건축가라는 직업에 대한 점을 짚어 주는 정도면 좋습니다. 그런 의미에서 꼬마 예술가 시리즈는 좋은 길잡이가 될 듯합니다.

 『꿈꾸는 꼬마 건축가』를 보면 만들기를 좋아하는 꼬마 프랭크는 늘 무엇을 만들고 있어요. 그럴 때마다 할아버

『꿈꾸는 꼬마 건축가』
프랭크 비바 지음 | 장미란 옮김 |
주니어RHK

지 프랭크의 반응을 지켜보는 것도 흥미로워요. 꼬마 프랭크의 의도와 시도에 그다지 긍정적이지 않거든요. 그렇다고 할아버지의 심드렁한 대응에 꼬마 프랭크가 반박하거나 낙심하지도 않아요. 이 책에서는 그들이 경험하게 되는 건축 분야의 여러 가지 가능성을 함께 보게 될 텐데요, 정보 면을 통해 알 수 있는 건축사에 길이 남을 세계적인 건축가 두 명의 이름도 프랭크라는 것이 재미있습니다. 이 건축가들은 환경을 최대한 훼손하지 않는 방식의 건축을 고민했으며 어디에도 없는 형태의 건축물을 설계해 세상을 깜짝 놀라게 했어요.

그림책에 대해 이야기를 나누기 전에 다섯 명의 프랭크에 관한 자료 화면을 준비하면 좋습니다. 주인공 꼬마 프랭크, 할아버지 프랭크 이외에 책을 쓰고 그린 작가 프랭크, 건축가 프랭크 개리, 프랭크 로이드 라이트 말입니다. 이 자료들은 책을 읽고 난 다음 내용을 정리하면서 한 번 더 보아도 좋을 거예요. 이 책은 건축의 발상과 건축의 범위, 건축의 재료 등이 전형적이지 않다는 것을 보여 주고 있으며 건축에 대해 새로운 관점을 제시한다는 점에서 흥미롭습니다. 특히 건축가가 되고 싶은 아이들이 있다면 '건축'이 결코 어렵지 않으며 사람들 일상에 가장 밀접한 분야라는 것을 알게 될 겁니다. 그런 다음 건축에 관한 다양한 그림책을 읽어 보세요.

『왜왜왜?
신기한 건축의 세계』
페트리샤 멘첸 지음 |
볼프강 메츠거 그림 |
김동광 옮김 | 크레용하우스

『내 멋대로 집 놀이책』
라보 아틀리에 공동체 지음 |
이미옥 옮김 | 시금치

『상상 초월 미래의 집』
서랜스 테일러 지음 | 모레노
키아키에라, 미셸 토드 그림 |
홍주진 옮김 | 개암나무

『벽』
정진호 지음 | 비룡소

『생각하는 건축』
알렉산드라 미지엘린스카,
다니엘 미지엘린스키 지음 |
이지원 옮김 | 풀빛

『뚝딱뚝딱 동물 건축가들』
다니엘 나사르 지음 | 훌리오 안
토니오 블라스코 그림 | 변선희
옮김 | 다림

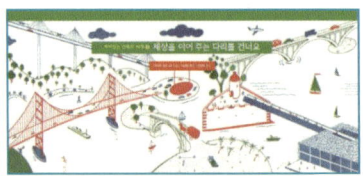

『우리 농장을 지어요!』
롤프 토이카, 하이케 오센코프
지음 | 페렌크 B. 레괴스 지음 |
박종대 옮김 | 꿈교출판사

『세상을 이어주는 다리를 건너요』
디디에 코르뉴 지음 | 이성엽 옮김 | 파랑새어린이

202 ······ 그림책 활동 수업

읽기

- 책을 읽기 전에 다섯 명의 프랭크를 설명하는 자료 화면을 함께 보도록 합니다.
- 책은 이미지를 분명히 확인하고 볼 수 있도록 천천히 읽어 주세요. 고학년이라면 사전에 모둠별로 각각의 프랭크에 대한 자료를 준비하게 해도 좋습니다. 작가 프랭크와 건축가 프랭크의 자료들은 충분히 찾을 수 있답니다.

이야기 나누기

- 꼬마 프랭크가 좋아하는 일은 무엇인지, 그래서 어떤 물건으로 무엇을 만들었는지, 그 물건들은 미술관의 전시물과 어떻게 비슷하거나 다른지 이야기해 봅니다.
- 장면들을 비교하고 느낀 점을 기록하거나 활동이 끝난 뒤 발표할 수 있도록 합니다.

활동

- 꼬마 프랭크가 책 속에서 보여 주는 방식을 따라 가구나 건물 만들기를 해 볼 수 있습니다.
- 본드나 강력양면테이프로 화장지 심지를 얼기설기 붙여 의자 혹은 건물 등의 형태로 만들어 보세요. 색칠을 해도 좋습니다.
- 점토나 지우개 등 주변에서 흔히 볼 수 있는 물건들도 활용할 수 있어요.
- 도서관에서 폐기해야 할 낡은 책들을 쌓아 올려 건물 만들기를 해도 좋습니다.
- 느낀 점을 쓰거나 발표하며 마무리합니다.

자연과 기다림의 가치

『알레나의 채소밭』
소피 비시에르 지음 | 김미정 옮김
| 단추

『알레나의 채소밭』은 땀과 시간이 빚어낸 자연의 결실을 체험하며 느림과 기다림의 가치를 공감하게 되는 책입니다. 매일 학교를 가는 아이의 시선을 통해 알레나 아줌마 채소밭의 작은 변화를 보여 주지요. 도시에 사는 아이들에게는 낯선 모습일지도 모릅니다. 게다가 그런 모습에 대해 긍정적이지 않을 수도 있어요.

하지만 알레나 아줌마가 직접 손으로 일궈 낸 땅의 결실은 그 땅이 폐허로 보이던 때부터 지켜보던 한 아이에게 깨달음을 줍니다. 실크스크린 기법을 어떻게 활용했는가를 보는 재미도 있어요.

읽기

- 글은 읽어 주기에 적당한 분량입니다.
- 그림은 반복되면서 조금씩 변해 가므로 그런 변화를 관찰하며 그림을 보게 하세요. 교사는 글을 읽고 아이들은 그림을 읽게 하면 됩니다.

이야기 나누기

- 그림을 어떻게 표현했는지 살펴보세요. 물감을 쓴 것 같기는 한데 붓이 지나간 자국은 없고 면들이 툭툭 끊어져 보이는 그림이에요. 이 그림책의 작가는 실크스크린 기법으로 작업했습니다. 실크스크린은 품이 많이 들면서도 꽤 세심한 주의를 기울여야 하는 작업이어서 서두르지 않고 차근차근 해야 합니다.
- 실크스크린 기법을 이용해 작품을 만드는 동영상을 찾아 함께 보는 것도 좋습니다.
- 아이는 황무지가 점차 변해 가는 풍경을 지켜보게 되는데, 그런 경험이 있다면 이야기해 보세요.
- 변화를 만드는 존재에 대해 생각해 보고 각자 어떤 마음이 들었는지도 이야기해 봅니다.

활동

- 계절에 따라 바뀐 풍경을 순서대로 그려 보세요.
- 맨 처음 잡초만 무성하던 때부터 마지막 시장이 나오는 단계까지 순서대로 써 보세요.
- 가로세로 20센티미터 크기의 두꺼운 종이에 순서를 정해 알레나의 채소밭 풍경을 색연필로 그려 보세요.

- 간단한 실크스크린 도구와 재료들도 손쉽게 구입할 수 있으므로 고학년은 직접 실크스크린 기법을 체험해 보는 것도 좋습니다.
- 뒷면에 날짜와 책 제목, 간단한 설명, 그린이 이름을 적어 게시판에 그림책 장면과 같은 순서대로 걸어 둡니다.
- 봄에 파종을 해서 결실을 맺는 마지막 단계까지 실제로 텃밭을 가꾸는 과정 사진이 있다면 함께 전시합니다.
- 고학년 아이들과는 직업적인 면에서 알레나의 삶의 방식에 대해 어떻게 생각하는지 이야기를 나누어 보세요.
- 게시판에 전시해 놓은 친구들의 그림과 사진을 보며 감상을 이야기해 보세요.

사라져 가는 직업

『나의 를리외르 아저씨』
이세 히데코 지음 | 김정화 옮김 | 청어람미디어

'를리외르'란 직업은 예술 제본가로 알려져 있지만 실은 책이 대중화되기 이전 비싼 값을 치르고 주문한 수제 책이 뜯어지거나 벗겨졌을 때 수선해 주는 기술자들을 이르는 말입니다. 『나의 를리외르 아저씨』는 그런 의미에서 어쩌면 곧 사라질지 모를 수많은 직업군에 대해 생각해 볼 기회를 주는 책이라고도 할 수 있습니다. 오늘날 4차 산업 혁명시대에 접어들게 되면서 새롭게 등장할 직업에 대해 어떻게 준비할 것인가에 관심이 집중되고 있어요. 더불어 가까운 미래에는 사라져 버릴 직업과 그 일에 대한 가치를 생각해 볼 필요도 있습니다. '를리외르'란 직업은 거의 사라진 직업으로 생각할 수도 있습니다. 하지만 '기술'로서가 아닌 '예술'의 한 분야로 접근한다면 이 그림책이 이전과는 다르게 읽힐 것입니다. 이 책을 통해 누군가 '를리외르'를 직업으로 삼고 최상의 아름다운 예술 작품을 만들 수 있을지도 모르니까요. 아이들과 함께 사라져 가는 직업에 대해 조사하고 꿈에 대한 이야기도 하면서 읽어 보면 좋습니다.

읽기

- 글이 많은 책이라 미리 두세 번 읽어 보는 것이 좋습니다. 저학년 아이들보다는 중학년 이상이 적당합니다.
- 표지 커버가 있는 책으로 준비합니다. 커버를 벗겨 온전히 펼치면 책 크기 밖으로 뻗어나가는 몇 백 년 된 은행나무와 함께 있는 주인공 아이를 볼 수 있습니다.
- 겉표지에 은박으로 처리된 를리외르 아저씨의 손을 보며 어떤 느낌이 드는지 이야기를 나누어도 좋습니다.
- 본문 앞부분에는 두 사람이 공방에서 만나기 전까지 양쪽의 마주보는 페이지에 아이와 를리외르 아저씨가 각각 지나오는 경로를 보여 줍니다. 같은 장소를 어느 방향에서 보았는지에 따라 다르게 그렸는데 달라 보이는 거리 풍경이 연결되는 지점이 재미있어요. 그런 장면들을 충분히 즐길 수 있도록 안내해 주세요.
- 시간 순서에 따라 이야기를 들려주지만 중간중간 과거를 회상하기도 하고 정보 페이지도 있어요. 제본 방식에 대해 알려 주고 싶다면 책을 수선하는 과정을 순서대로 적어 보는 것도 좋아요. 책 만들기 수업 전에 함께 읽어도 좋습니다.

이야기 나누기

- 아이들에게 사라지는 직업에 대한 정보를 조사하도록 했다면 사라지는 이유와 사라지지 않아야 할 이유를 들어 보존할 가치가 있는 직업들을 찾아보고 보존해야 할 이유를 함께 이야기해 보는 것도 좋습니다.
- '를리외르'라는 일의 보존 가치 여부를 찬반으로 나누어 토론할 수도 있습니다. 한국의 전통적인 직업군에서도 토론할 만한 직업들을 찾아볼 수도 있어요. 무형문화재로 지정한 다양한 직업들은 왜 문화재로 보전해야 하는지 알아보아도 좋습니다.
- 아이들이 좋아하거나 관심을 두는 것은 무엇이 있는지에 대해 이야기를 나누어 보고 관심사별로 다양한 자료 조사를 해서 어떤 직업으로 연결될지 알아보세요.

활동

- 오랫동안 이어진 직업을 다룬 그림책 찾아 읽고 조사해 보세요.
- 낡은 책을 가져와 수선해 보세요.
- 모든 공정을 거의 기계의 힘을 빌리지 않고 손으로 하는 작업이니만큼 손의 중요성에 대해 이야기 나누며 정리해 보세요.
- 손이 하는 일에 관한 책으로 『손이 들려준 이야기들』(이야기꽃)을 읽으며 마무리합니다.
- 대대로 전해지는 직업군에 대한 조사 내용을 발표하고 조사하는 도중 느낀 점을 적어 봅니다.
- 직업에 관한 그림책을 모아 전시합니다. 전시 초대장이나 홍보 글을 학교 내에 게시하는 것도 좋아요.

『손이 들려준 이야기들』
김혜원 글 | 최승훈 그림 | 이야기꽃

부록2

『프레드릭』으로 하는 책 한 권 예술제

『프레드릭』의 탄생

『잠잠이』
레오 리오니 지음 | 분도출판사

한 작가의 한 책으로 저학년의 아이들은 물론 어르신까지 함께 할 수 있는 책이 있습니다. 이 활동을 하고 나면 모두 모아 작은 전시와 축제를 할 수도 있습니다. 바로 『프레드릭』입니다. 여러분이 잘 알고 있는 레오 리오니의 『프레드릭』은 1999년에 시공사에서 네버랜드 픽처북스 시리즈 중 한 권으로 나온 것입니다. 하지만 베네딕도 수도회에서 운영하던 분도출판사에서 1980년에 『잠잠이』로 출간된 적이 있습니다.

『프레드릭』은 1967년에 출간되었어요. 작가 레오 리오니는 처음부터 그림책 작가가 되려고 한 것은 아니었어요. 나치를 피해 미국으로 망명하기 전, 경제학 공부를 했고 박사 학위까지 받았던 레오 리오니는 예술적인 가정 분위기에서 자라났습니다. 집에는 샤갈의 '바이올린 켜는 사람' 진품이 걸려 있었다고 해요. 레오 리오니는 미국 망명 이후 잡지 편집자로 일하기도 하고 〈포춘〉, 〈뉴욕 타임즈〉의 아트디렉터로 일했습니다. 그림책을 만들게 된 건 기차에

『프레드릭』
레오 리오니 지음 | 최순희 옮김 | 시공주니어

서 뛰노는 손자들을 진정시키기 위해서였습니다. 그 기차 안에서 잡지를 찢어 만든 '파랑이와 노랑이'가 탄생합니다. 레오 리오니는 아이들 누구라도 한 번쯤 시도해 보았을 것 같은 기법으로 책을 완성합니다. 콜라주, 스탬프, 찢어 붙이기, 오려 붙이기 등의 기법을 이용하고 재료 또한 색연필, 크레용, 물감 등으로 다양하게 표현하지요. 『프레드릭』의 경우 찢기와 오리기 위주로 표현한 콜라주 작품입니다.

놀라운 결말을 선사하는 그림책

『프레드릭』의 내용을 살펴보면, 긴 겨울에 필요한 먹이를 비축하기 위해 다른 들쥐들이 열심히 일을 하지만 주인공 프레드릭은 가만히 있기만 합니다. 따스한 햇살 아래 졸고 있거나 딴생각을 하는 것처럼 보이지요. 뭐, 어떻게 보든 일은 하지 않고 놀고 있었던 거지요. 하지만 프레드릭은 알 수 없는 변명을 늘어놓습니다. 햇살을 모은다는 둥, 색깔을 모은다는 둥 하더니 나중에는 이야기를 모으는 중이라고까지 합니다.

다른 들쥐 친구들은 밤낮없이 정말 열심히 곡식을 실어 날랐고 어느새 겨울이 되었습니다. 여기까진 왠지 '개미와 베짱이' 이야기와 비슷해 보입니다. 하지만 결론은 전혀 다릅니다. 모아 둔 먹이가 모두 동이 났지만 아직 봄이 오지 않은 어느 날, 프레드릭이 모아둔 햇살과 색깔과 이야기는 추위와 배고픔에 지친 친구들을 행복하게 해 주거든요. 예술의 가치란 그런 것이지요.

읽기

- 책을 읽기 전에 우리가 익히 알고 있는 이야기와 비슷한 내용(개미와 베짱이)으로 생각할 수 있다는 이야기를 해 줍니다. 하지만 다른 부분이 있으니 귀 기울여 듣기를 권합니다. 사실 사전 정보 없이 듣고 유사점을 찾도록 할 수도 있어요.
- 앞표지에는 앞모습, 뒤표지에는 뒷모습으로 연출한 부분을 놓치지 말고 보여 주세요. 나중에 아이들의 활동 결과물이 더 풍성해집니다.
- 글이 많지 않지만 마지막 부분에서 프레드릭이 시를 노래하듯 읊어 주는 부분은 꽤 긴 문장입니다. 아이들이 지루해하거나 집중력이 흐트러질 수도 있으므로 약간의 리듬을 타면서 읽어 주는 것이 좋습니다.
- 마지막 문장이 중요하므로 호흡 조절을 잘 해서 읽어 주세요. 특히 저학년일 경우 흐름을 놓치기 쉬우므로 유의하시기 바랍니다.

이야기 나누기

- 앞표지에서 프레드릭은 빨간 꽃을 들고 바위 위에 앉아 졸고 있습니다. 프레드릭이 무엇을 하고 있느냐고 질문해 보세요.
- 그림 기법에 대해서 이야기를 나눕니다. 프레드릭과 들쥐 친구들의 몸은 어떻게 표현했는지 물어보고 차이점을 알아봅니다. 몸통은 찢어서 붙이고 귀와 꼬리는 가위로 오려 붙였다는 것을 알려 주고 이유를 물어보세요.
- 프레드릭은 어떤 아이인지 물어보세요. 학년에 따라 재미있는 대답이 나올 수 있습니다.
- 고학년 아이들에게는 책을 읽은 다음 예술의 기능과 가치에 대해서 알려 주는 것도 좋습니다.

> **활동 1 : 종이로 프레드릭 만들기**

- 저학년의 경우 미리 본을 그려 나눠 줍니다. 선을 따라 손으로 찢는 활동을 어려워하는 아이들은 가위를 사용하도록 합니다. 자기만의 프레드릭을 만나는 것이 중요합니다.
- 책에 나오는 프레드릭의 색깔에 맞춰 종이를 준비합니다. 회갈색(몸통)과 회노랑색(귀, 꼬리) 색상지, 흰색(눈 흰자위), 검은 색(검은자위) 종이 약간이 필요합니다. 그 외에 풀, 가위도 준비하세요. 양면 색상지를 사용하면 좋습니다.
- 몸통과 다른 부분을 준비한 다음 귀를 먼저 붙입니다. 꼬리는 종이의 뒷면에 붙입니다.
- 눈동자를 붙인 다음 마지막으로 눈꺼풀을 붙입니다. 그렇게 하면 졸고 있는 프레드릭의 표정이 생기지요.
- 속눈썹이나 이빨, 옷 등을 그려 넣어 개성 있게 꾸미도록 하고 이름을 써서 벽에 전시합니다.

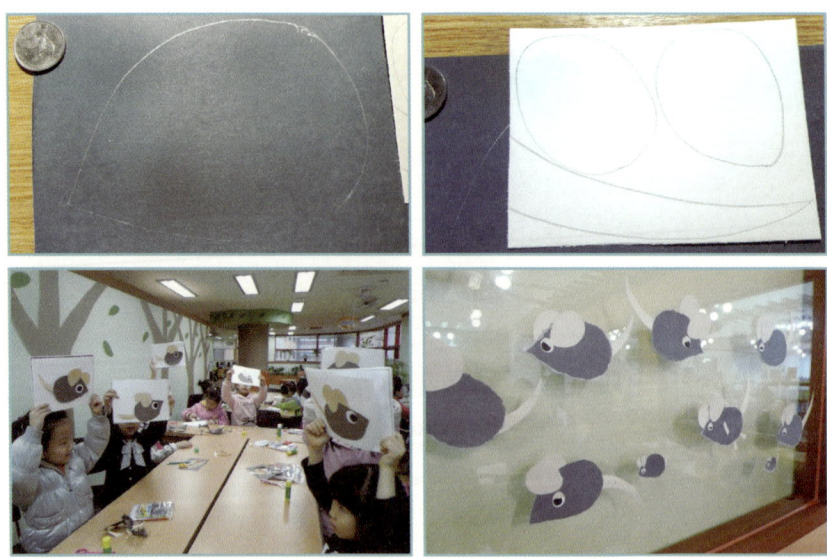

활동 2: 프레드릭 책 만들기

책의 내용을 기억하여 자기만의 프레드릭 책을 만드는 활동입니다. 중학년 이상의 아이들이라면 얼마든지 할 수 있습니다. 종이로 만든 작은 프레드릭을 붙여 표지를 꾸며 보세요.

- A4 종이를 준비합니다.
- 종이를 한 장 책 접기로 접어 작은 책 모양을 만듭니다.
- 각자 하고 싶은 이야기를 생각하고 순서에 맞게 이야기를 쓰거나 그리도록 합니다. 내용은 자유롭게 쓰도록 하세요.
- 힘들어 하는 아이들에게는 몇 가지 주제를 주어 안내해 주세요.

활동 3: 프레드릭 극장 만들기

- 극장 무대는 4절 크기 도화지로 한 장 책 접기를 활용해 만듭니다.
- 극장 모양으로 잘라 낸 책을 세워 놓고 종이로 만든 프레드릭과 소품들을 붙여 만듭니다.
- 모둠별로 하나씩 각각 다른 장면을 만들어 완성하도록 합니다.
- 각 모둠별로 만든 것을 이어 붙이면 한 권의 책으로 만들 수 있습니다. 학급에 전시해 두면 오가며 볼 수 있는 우리 반만의 장서가 됩니다. 이 활동은 다른 책에도 적용해 볼 수 있습니다.
- 한 극장에 세 개의 층위를 두어 만들거나 한 장면을 연속 동작으로 만들 수도 있으며 모둠 인원수나 학년에 따라 난이도를 조절할 수 있어요. 극장 모양은 검은색으로 하는 것이 내부 장면을 더 두드러지게 해 줍니다.

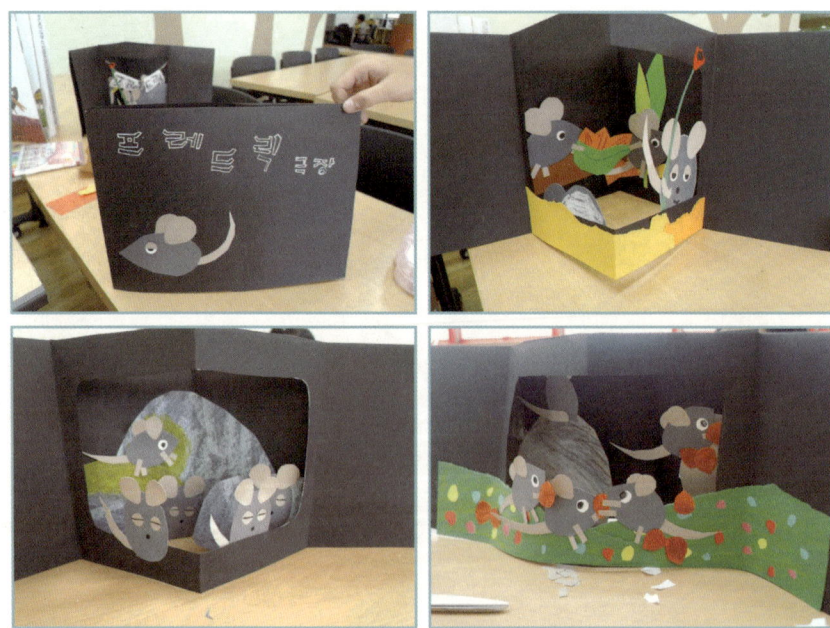

 **극장 책 만들기**

한 장 책 만들기와 비슷합니다.(91쪽 참고) 그림처럼 위쪽에 네모난 칸을 잘라 주면 극장 프레임이 됩니다. 여러 장을 이어 붙여서 책으로 완성할 수 있습니다.

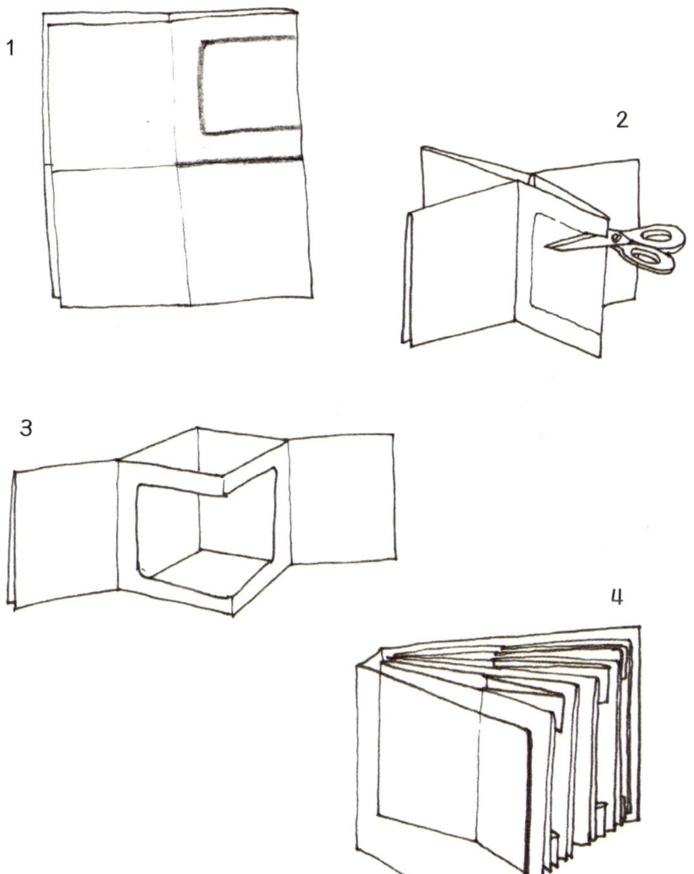

활동 4 : 프레드릭 에코백 만들기

물감을 사용할 수 있다면 누구나 해 볼 수 있는 활동입니다. 미리 만들어진 에코백을 구입해서 캐릭터를 그려 넣으면 편리합니다. 바느질이 가능한 학년은 직접 바느질을 할 수도 있습니다.

- 밝은 색 에코백과 아크릴 물감, 붓, 팔레트를 준비합니다. 아크릴 물감은 물을 많이 섞지 않고 칠한 다음 완전히 마르면 빨아도 지워지지 않습니다.
- 미리 본을 준비해서 에코백과 함께 나누어 줍니다.
- 에코백에 연필로 미리 본을 그린 다음 물감을 칠합니다.
- 물감이 마르면 각자 에코백을 들고 사진 촬영을 합니다.

활동 5 : 프레드릭 책갈피 만들기

- 책갈피 용도로 나온 종이나 두꺼운 종이를 적당히 잘라서 준비합니다.
- 색상지, 끈, 가위, 풀을 준비하고 각자 프레드릭을 만들어서 붙입니다.
- 지우개를 이용해서 프레드릭 스탬프를 만들 수도 있습니다.
- 프레드릭 스탬프를 찍고 빨간색 꽃을 붙이면 포인트가 됩니다.
- 영문 Frederick은 영문 스탬프를 준비해서 한 글자씩 찍어도 좋고 직접 써도 됩니다.

- 구멍에 끈을 연결하면 책갈피가 완성입니다.

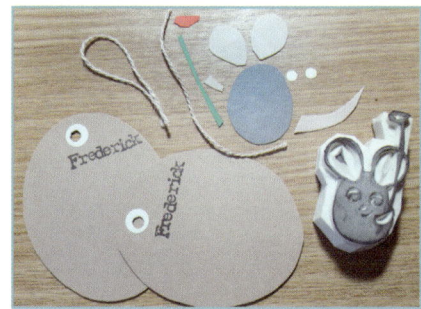

활동 6 : 프레드릭 펠트 인형 만들기

바느질이 제법 능숙해야 할 수 있는 활동입니다. 바느질한 천에 솜을 채워서 만들 수도 있고, 펠트나 양모 등을 이용해서 다양하게 만들 수 있는 활동입니다.

- 소프트 펠트와 방울솜을 준비합니다.
- 준비한 프레드릭 본을 펠트지에 대고 그린 다음 오려 냅니다.

사진 : 김용분

- 몸통, 귀, 꼬리, 꽃 등 각각 가장자리를 버튼 홀 스티치로 바깥에서 바느질합니다.
- 서 있는 프레드릭을 만들기 위해 먼저 콩이나 팥 혹은 전문 쇼핑몰에서 판매하는 플라스틱 필렛을 넣습니다. 절반 정도 채운 후 방울솜을 채워 마무리합니다. 꼬리 속에도 방울 솜을 채웁니다.
- 귀와 눈, 팔, 꼬리 등을 몸통에 바느질하여 붙입니다.

- 뜨개질을 이용해 프레드릭을 만들 수도 있습니다.
- 고학년의 경우도 어른들의 도움이 필요할 수 있으므로 보호자와 함께 하면 좋습니다.
- 프레드릭으로 만든 다양한 작품을 모아 작은 축제를 기획할 수 있습니다.